ちくま新書

バブルの後始末
——銀行破綻と預金保護

和田哲郎
Wada Tetsuro

1833

バブルの後始末——銀行破綻と預金保護【目次】

企画・編集協力　土屋直也（ニュースソクラ）

はじめに

日本で戦後初めてとなる金融機関の破綻、東邦相互銀行（愛媛県）が倒れた1991（平成3）年から2010（平成22）年までに、倒産した日本の金融機関は180にのぼる。

当初は個別の問題という面が強く、それぞれ対応していけばよいと思われた。しかし、負の連鎖は、第二地方銀行（旧相互銀行から転換した普通銀行）、信金、信組等の中小金融機関にとどまらず、都市銀行（都銀）、長信銀3行、第一地方銀行（普通銀行に転換した相互銀行以外の地銀）といった大きな銀行まで傾いていった。

バブル崩壊というマクロ問題が明らかになるにつれて、金融機関が抱える不良債権が雪だるま式に大きくなると、世論の必罰感情が噴き出した。日本経済の急降下に政治家も金融当局も、対応が後手に回り、健全経営だった一般企業も貸し渋り・貸し剝がし被害を受けて、金融恐慌へと突き進んでいった。

このバブル崩壊が、いまも続く「失われた30年」の直接的な原因であるが、当時、金融業界で何が起こり、関係者は何を見誤ったか。非連続に変化する状況下、不確実性が高まったときに、それまでよりどころとしていた前例は役に立たなくなる。そんな中、未曾有の金融危機に対応するため、一時国有化、新銀行の設立、資本注入、不良債権の分離など、これまでになかったスキームが数々導入された。

遅ればせながら自己紹介したい。筆者は、バブルが崩壊し金融不安が顕在化した1990年代に、日本銀行に在籍していた。90年代前半は、当時あった信用機構局という部署で金融破綻処理をデザインし、調整、執行する仕事に携わり、後半は、当時の考査局という部署で金融機関を生かす仕事をしていた。ほとんどの場面で、筆者はその現場にいた。なお本書に登場する関係者の肩書は当時のもの。またバブル以降、金融機関の統合が進み、時代によって名前が異なるが、原則として当時の名称を用いる。大蔵省も、現在は財務省と金融庁であるが、省庁名や部署名は後継組織がない場合もあり混乱するので、省庁名もその時代の呼称を用いる。引用・参照した資料は、その都度出典をあげた。

1986年末から91年初めまでのバブル期の喧騒、「失われた30年」などとも言われるポストバブル期の混乱をまとめた本は少なくないが、本書は、その渦中にいた筆者の現場ドキュメントであると同時に、金融機関の破綻処理スキームとはどのようなものなのかを知っていただきたいと考えながら執筆した。つまり、破綻処理の手法と公的資金の投入方法の段階的な進化に焦点を当てている点が本書の特徴である。

いま「段階的」という言葉をあえて使ったが、金融村では「進むスピードがゆっくりしている」とのニュアンスで使われる。思い返せば、バブルの後始末は、段々に進んだというより、遅々として進まなかったとの思いが強く残っている。本来であれば国民の財産である金融システムを守るため、早期に公的資金を入れるべきであったのに、何度となく見送られたのは、その最前線にいたひとりとして忸怩たる思いがある。

そして、2020年代。金融界は平穏を取り戻しているように見えるが、取り巻く環境は、実は厳しい。23年春には、米国で銀行3行（シリコンバレー、シグネチャー、ファースト・リパブリック）が連鎖的に破綻し、それが欧州の名門銀行クレディ・スイスにまで飛び火した。中国の不動産問題も、いよいよ日本の1990年代に似てきている。

金融不安と隣り合わせにある現代、筆者は本書で、金融機関の破綻は急激に進むということ、その危機対応の考え方と教訓を伝えたいのである。筆者がそこで見たのは、大手行ですら厳しさを増していく資金繰り、預金者の行列ができる取付け、そこへテレビの中継車が押し寄せるといった恐ろしい光景であった。

個別金融機関の倒産は今後も起きるだろうが、当時の日本の不良債権処理や金融危機から得られる最大の教訓は、「金融システムを不安定にしてはならない」ということである。金融は経済の盛衰に大きくかかわる、人類の共通財産である。それを守り抜くために、決定的に重要なことは「ツービッグ・ツーフェイル（Too Big To Fail）」の原則である。つまり、「巨大金融を潰してはならない」ということだと、筆者は考えている。

しかし、この原則は国民感情を逆撫でする。「失敗した金融機関、経済原則や法律を踏み外した者たちを助けるのか。公的資金という税金を入れていいのか」という怒りの声に動かされた政治家が、政策の舵取りを失敗したこともある。そういうこともあって、海外では最近「システミック・リスク・エクセプション（systemic risk exception）」と言うことが多い。つまり、「破綻させずに金融システムから切り離す」ということだ。

ともあれ、北海道拓殖銀行、山一證券、日本長期信用銀行、日本債券信用銀行は破綻させるべきではなかった。お金の流れは重要なライフラインのひとつであり、「金融システムの安定」を民主主義にゆだねきってしまうのは危険である。

システミック・リスク・エクセプションは大手銀行を破綻させないという点で本質的にはツービッグ・ツーフェイルと同じである。欧米ではツービッグ・ツーフェイルという言葉は使われなくなっている。本書では象徴的な意味合いから敢えて使用した。

読者の「ツービッグ・ツーフェイル」原則への理解が深まることを期待したい。

第一章

金融危機が生んだ経済の断層

——97年～98年の日本の経験

†「銀行の潰し方を研究せよ」

1991年5月、筆者は、前年の機構改革で新設された信用機構局に調査役として、異動した。信用機構局は、総務局を分割して生まれた部署だった。それまで金融政策および業務の審査・調整を通じて日本銀行全体を管理していた総務局の権限を3分割し、金融政策を企画局に、信用秩序維持を信用機構局に、内部管理は経営企画局に振り分けられた。日本銀行の組織を分権主義とする画期的な機構改革であった。

自分流の解釈を加えると、信用機構局とは、信用秩序維持に資する制度づくりに関し、やや長い目でみた企画、立案、調整、調査を行う部署だった。だが、異動早々から「やや長い目で見る」余裕はなかった。戦場のような激務のはじまりだった。

信用機構局に異動すると、すでに東邦相互銀行の破綻処理がはじまっていた。筆者は、「個別問題」の担当だった。上司は3人いるが部下はいない。上司は、本間忠世局長（のち日銀理事、日本債券信用銀行社長などを歴任）、黒田巌次長（のち日銀理事、中央大学教授など）、白川方明信用機構課長（のち日銀総裁、青山学院大学特別招聘教授など）という、錚々たるメンバーであった。

着任すると、局長秘書から「局長がお呼びです」と言われた。心得の訓示かと思ったが、念のため筆記用具は持参した。局長の指示は、東邦相互の処理に関する記録の作成と、作成した作業記録のコピーを関係局へ配布することだった。資料の配布はすべて「直披《じきひ》」という、名宛人が直接開封することを求めるものであった。書類を入れた封筒の綴じ目に「緘《かん》」という判子を押す。緘とは口を閉じることで、宛名にある人以外は開封を禁止するということだ。さらに、局長から短い指示を受ける。「個別問題は機密管理が重要。作業は、（管理職である筆者が）1人で行うように」と。

筆者はファイルを作った。タイトルは、「T相互」であった。ちなみに、次の処理案件は東洋信用金庫。Tが続くので2文字＝Ty信金とした。なぜか大蔵省も同じ名前で管理していた。日銀のファイルと大蔵省の名前が被らなかったのは、兵庫銀行の時で、大蔵省はHy、日銀はHgだった。兵庫銀行関連のノンバンク処理では大蔵省と日銀は対立することになるのだが、どこか因縁めいたものを感じた。

異動した筆者の第一印象は、「すごいところに来てしまった」だった。白川課長から「信用機構局発足当初、本間局長と一緒に三重野康総裁から呼ばれ、「銀行の潰し方を研究せよ」と指示された」ことを聞いた。すごく先見性のある話である。その後信用機構局は、銀行を潰すことが日常になってしまった。

1992年の伊予銀行から2011年の第二日本承継銀行までに、182件の預金保険

図表1－1　預金保険機構、資金援助実績表

(＊1)	1992－1994	1995	1996	1997	1998	1999	2000	2001	2002	92〜11年までの累計
銀行	1 (＊2)	1	1	1	5	4	4	2	2	23 (＊3)
信金	2	0	0	0	0	2	10	7	6	27
信組	3	2	5	6	25	14	6	28	43	132
合計	6	3	6	7	30	20	20	37	51	182
金銭贈与	1084 (＊2)	6008	13158	1524	26741	46374	51530	16394	23325	190319 (＊3)
資産買取	0	0	900	2391	26815	13044	8501	4064	7949	64210 (＊3)

預金保険機構ホームページを基に作成（単位：件、億円）
（＊1）各年度の計数は資金援助ベースであり、破綻件数とは一致しない。
（＊2）相互銀行を含む。
（＊3）2008年、足利ホールディングス、2011年、日本承継銀行にそれぞれ資金援助を実施。

機構による資金援助が発動された。相互銀行を含む銀行23件、信金27件、信組132件。預金保険の資金援助累計額は、金銭贈与19・0兆円、資産買取り6・4兆円にのぼった。

†金融危機が実体経済に与えた悪影響

金融システムと実体経済は相互に影響（シンクロナイズ）される。

バブル景気とは、内閣府・景気動向指数によると、1986年12月から1991年2月までの51か月間の景気拡大を指す。

バブル景気の特徴は、①長期にわたる金融緩和の下で、②不動産価格・株価といった資産価格が大幅に上昇、③物価は安定し、④高成長を辿った、という4点だ。不動産価格は元々右肩上がりだったが、1980年代半ば

から急上昇した。銀行による、建設、不動産、ノンバンクの3業種向け貸出（行きつく先はいずれも不動産）は、1980年代後半から大幅に増加した。この間、実質GDP成長率も高かった。

資産価格は上昇トレンドだったが、賃金が上昇していたのに一般物価は落ち着いていた。当時、資産価格の上昇はインフレとみなされず、利上げは不適当との声が強かった。金融緩和がバブル醸成の一因で、金融政策がバブルをより大きくした。

80年代末から経済は大きく変化した。89年4月1日から、消費税（3％）が導入された。さらに、地価税の新設、固定資産税の強化、特別土地保有税の見直し、譲渡所得の課税強化など、不動産関連税制が強化された。

不動産価格（三大都市圏商業地、路線価、図表1－2）は92年以降下落に転じ、以降2005年まで14年連続前年割れとなった。バブルの崩壊である。

銀行はバブル期に多額の不動産融資を行った。不動産価格が下落すると、担保不動産を処分（任意売却）しようとしても買い手がつかず、競売に持ち込むと価格は大幅に下落するため、銀行の不動産融資の回収は進まず、塩漬け状態になった。これが、銀行の不良債権問題の実態だった。銀行貸出（図表1－3）については96年、不動産融資規制の影響から、3業種（建設、不動産、ノンバンク）向けが先行して前年割れとなった。97年以降は全

図表1－2　地価の変動率

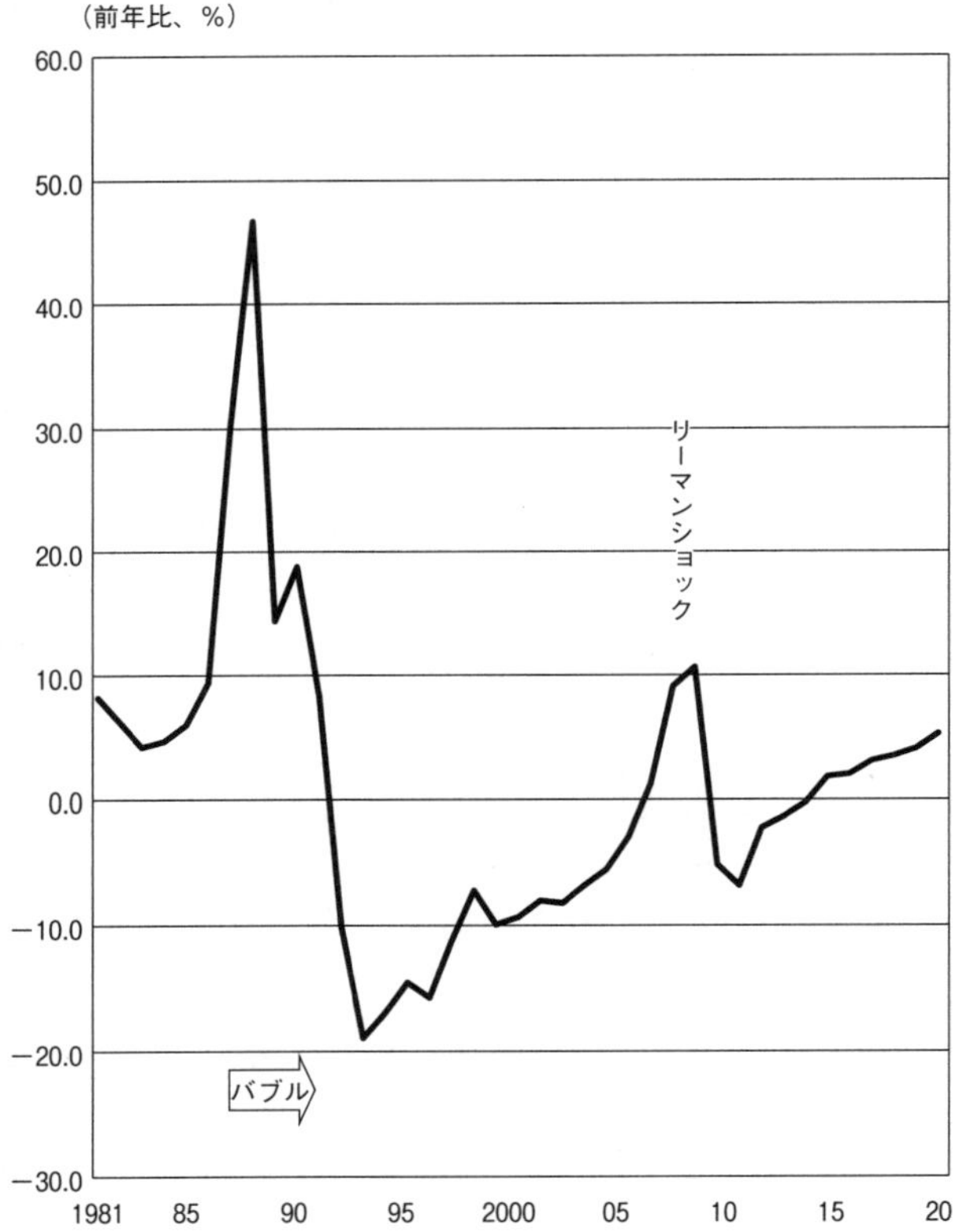

国土交通省「三大都市・商業地」を基に作成

業種向けが大幅前年割れになるなど、銀行の貸し渋り、いわゆるクレジット・クランチがあきらかになった。貸し渋りは実体経済を下振れさせ、93年に一度マイナスに落ち込みながらも2％を超えるプラスに転じていたGDP成長率（図表1－4）は、98年に93年を大きく下回る2％近いマイナス成長に。以降も低成長を余儀なくされた。GDPデフレータ（同）も95年にマイナスに転じ、98年以降はほぼ一貫してマイナス。日本経済は、97年に金融危機に陥り、長いデフレのトンネルに入った。

†「魔の97年11月」

1997年11月は、三洋証券、北海道拓殖銀行、山一證券と破綻が続いたことから「魔の11月」と呼ばれる。これらの金融機関のインパクトが大きいため忘れられがちだが、実は仙台を本店とした徳陽シティ銀行（第二地方銀行）が山一證券の直後に破綻、国民の危機感を増幅させた。同銀の破綻後、預金者が銀行に殺到した預金取付けは全国レベルで発生し、大手銀行にまで波及した。

邦銀の信用は崩れ、外国の銀行からは、外貨調達を行う場合に他の先進国の銀行より高い金利を求められた。この上乗せ金利を「ジャパンプレミアム」と言う。この上乗せ金利は、「魔の11月」後、1997年12月にかけ急上昇した（図表1－5）。98年春にはいった

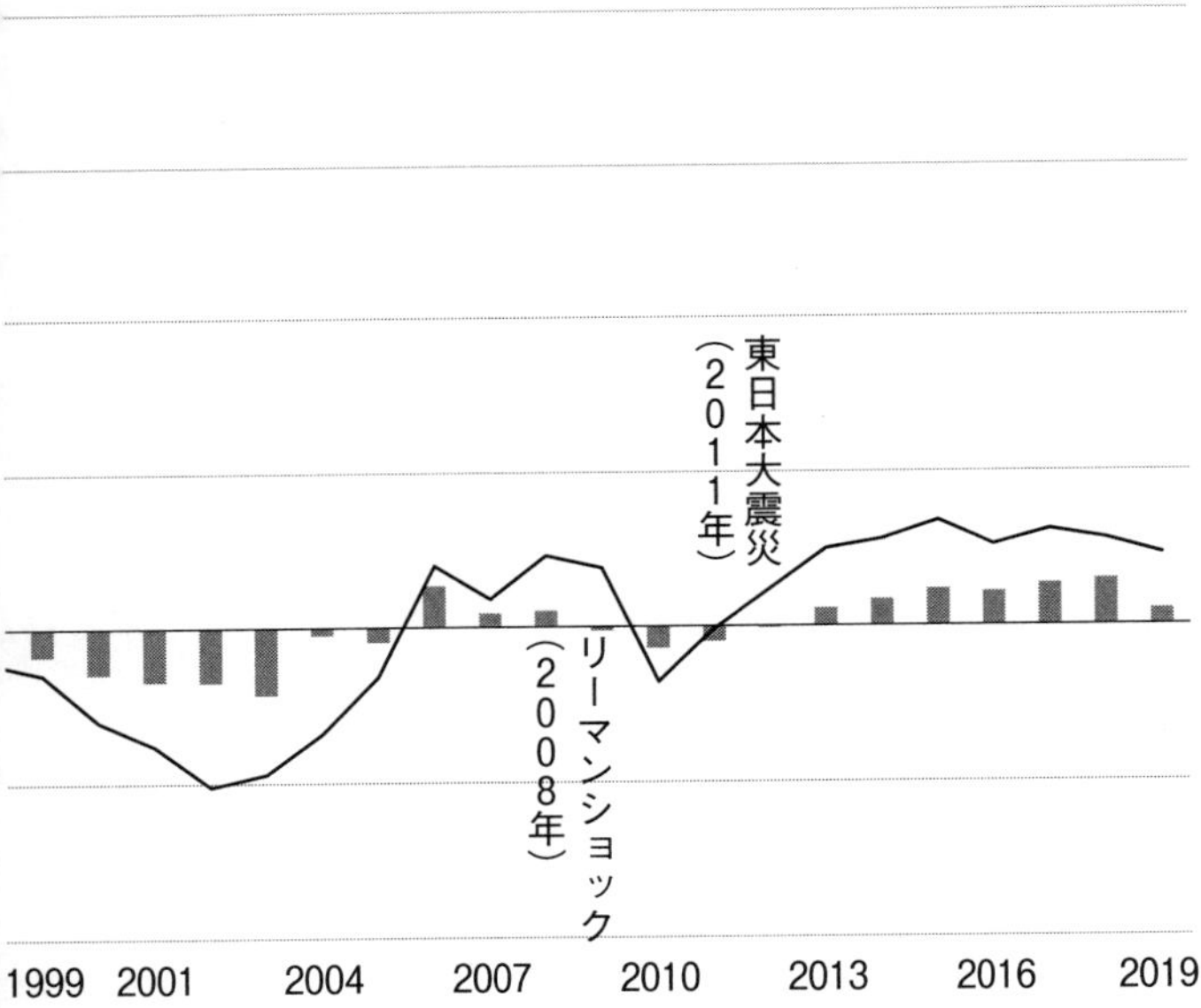

ん収まったが、98年10月の日本長期信用銀行の破綻で、ジャパンプレミアムは再び大幅に上昇した。

海外では、大手銀行は潰さない政策（Too Big To Fail）がほぼ定着していた。しかし、大手銀行は潰さないという三塚博蔵相の国会答弁（1997年2月の衆院予算委員会）は反故になった。国際公約を破ったことが、

図表1-3　銀行貸出の推移

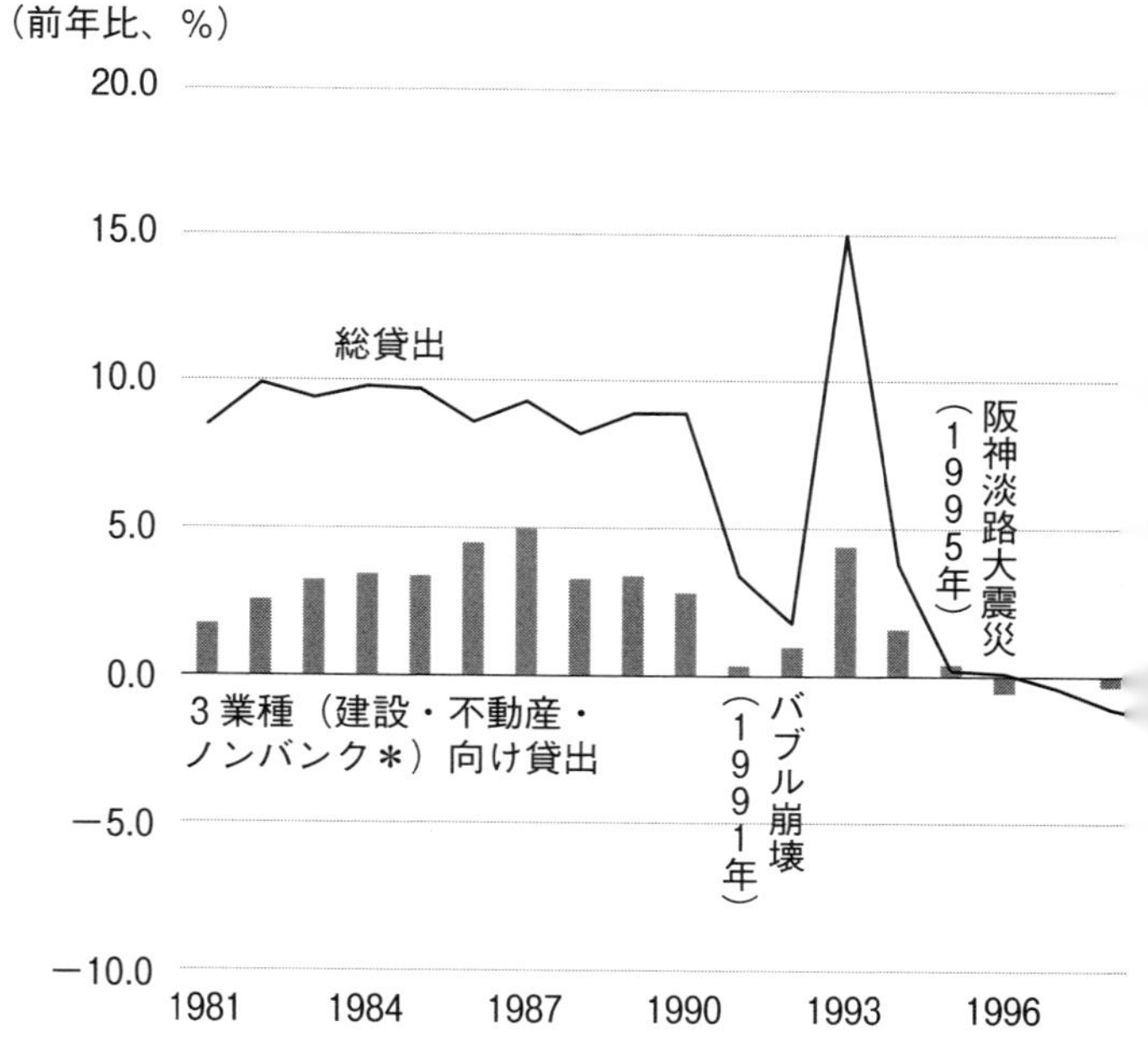

日本銀行「貸出先別貸出金」を基に作成
＊データ制約からノンバンク向け貸出を金融保険向け貸出で代替。

金融危機を増幅したと思う。

†第1次流動性危機――山一證券、徳陽シティ銀の連続破綻

1997年11月26日、全国の地方紙朝刊で徳陽シティ銀行の破綻が報じられると、預金の取付けが起こった。もともと銀行界では経営不振が取りざたされていた徳陽シティだったが、山一證券破綻

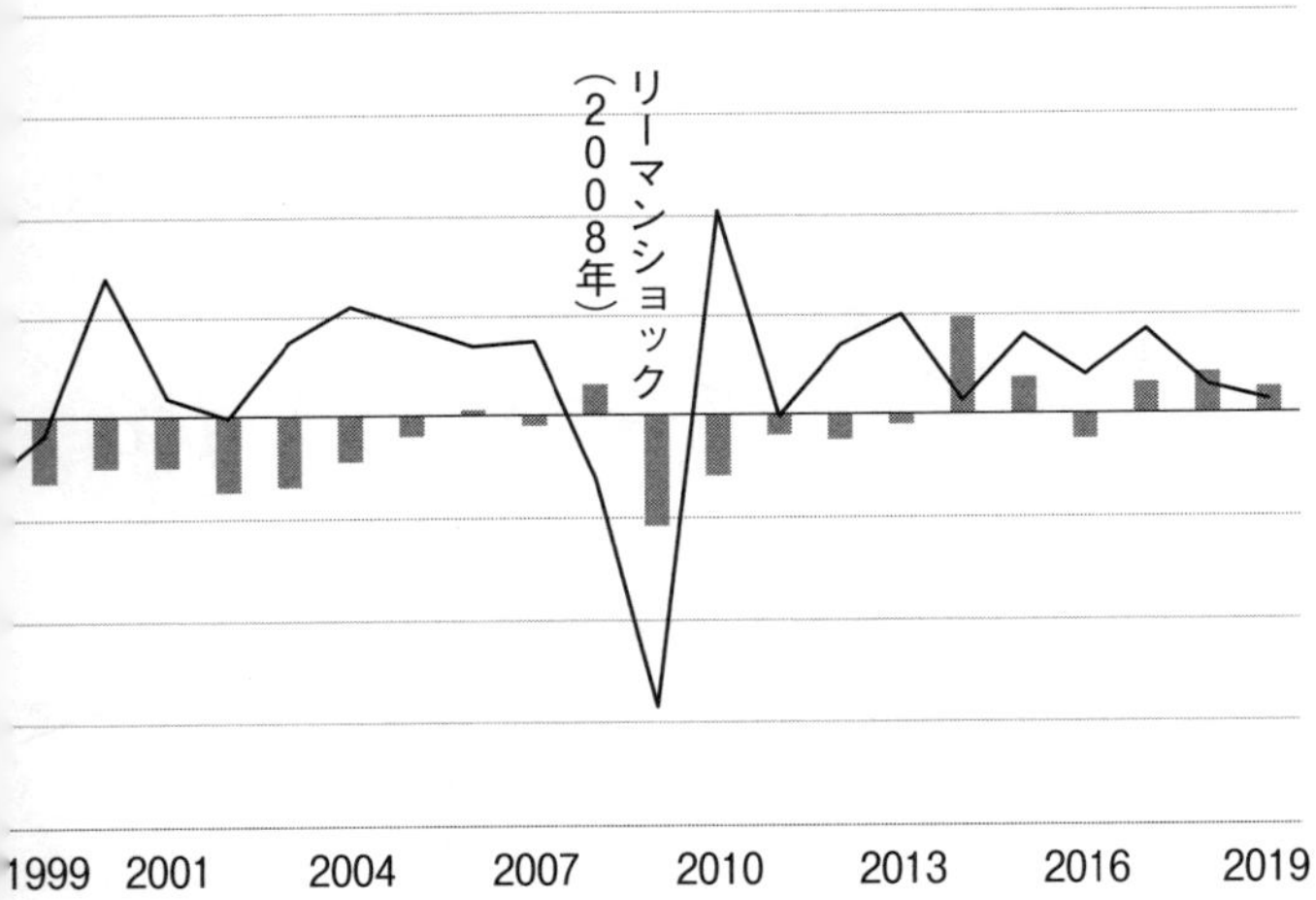

（同24日）からほんの2日しかたっていなかったことから、国民の警戒感は頂点に達していた。

日銀では、徳陽シティ銀行破綻の記事が通信社から全国の地方紙に配信されたことは深夜には掴んでいたので、特融発動のための日銀政策委員会を早朝から開催、徳陽シティ銀行本・支店に現金を運び込んだ。

しかし、取付けは他行へも波及する。札幌、宇都宮、東京、名古屋、大阪、福岡など全国の銀行で取付けが発生した。預金引出しのために多数の人が銀行に列をつくる。その光景に、「金融恐慌」が

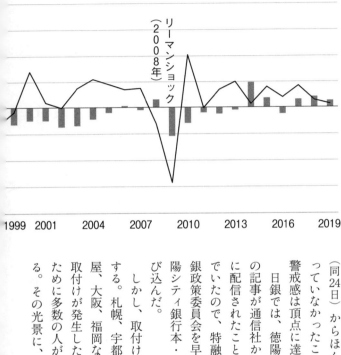

図表1-4　実質GDP成長率とGDPデフレータ変動率

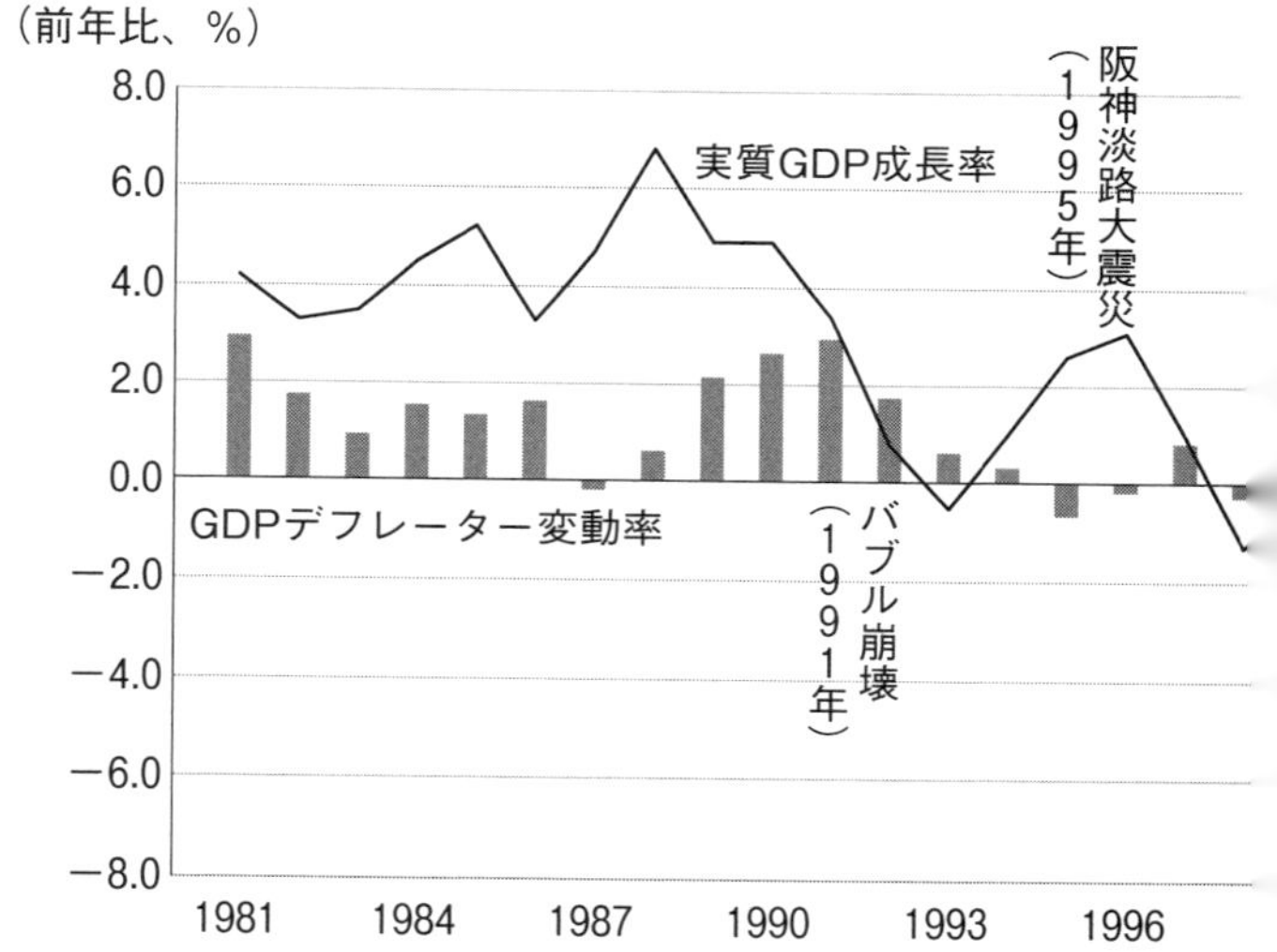

内閣府「国民経済計算」を基に作成

始まったのではないかと感じた預金者が流言蜚語《りゅうげんひご》、風説《ふうせつ》の流布《るふ》を広げることで群集心理が働き、いっそう危険な状態に陥る悪循環だ。

すぐに大蔵大臣と日銀総裁の共同談話が発表されたが、しかし2日前の山一證券破綻の際の談話とほぼ同様のものだった。三塚蔵相による単独記者会見には、取付けを止める力はなかった。

徳陽シティ銀行については、すでに関係者間の調整はほぼ終わっており、処理策もまとまっていたのだが、報道による預金者のパニック心理を抑えることができず、取付けが他行にも波及するという、

図表1－5　ジャパンプレミアムの推移

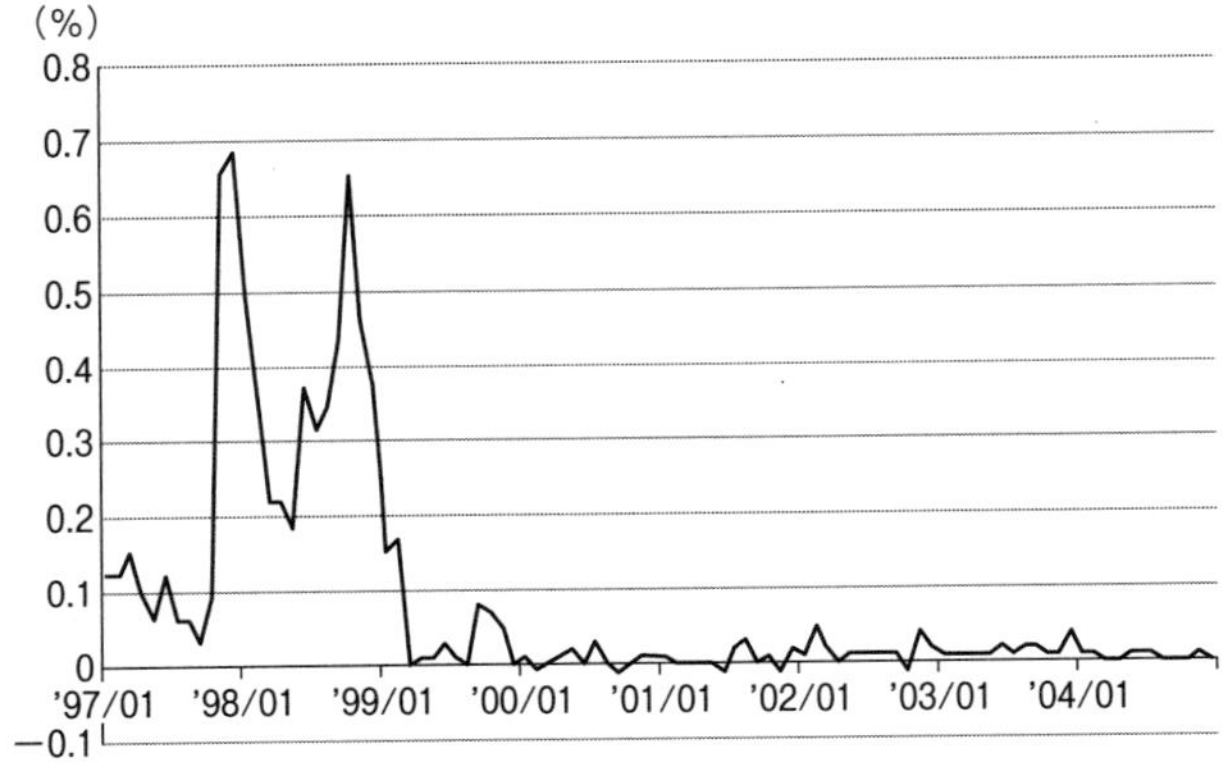

日本銀行ホームページを基に作成

金融システム不安を招いたのだった。

　金融当局としては、もう少し落ち着いたところで徳陽シティ銀行の処理策を発表したいという思惑があっただろうと思う。

†初めて目撃した「取付け」の行列

　徳陽シティ銀行破綻の混乱時、筆者は日銀企画局の政策広報課長だった。96年5月に信用機構局から異動し、日本長期信用銀行の破綻直前の98年8月まで務めた（98年4月の機構改変に伴い、企画局から政策委員会室へ異動）。

　政策広報課は新聞社、通信社、放送局などメディアとの窓口である。総裁記者会見の設営などを行うのだが、いわば潤滑油の役割だ。日常的に対話するのは、経済部所属の日銀記者クラブの記者で、社説を書く論説委員、企画物を担当する編集委員も取材にくる。銀行に不祥事が起きると押し寄せてくる社会部や週刊誌の記者の対応もする。

日銀本店に近い信託銀行本店で取付けが起きた。見ると、店舗の外にまで続く長蛇の列。だが、顧客は黙って並んでいた。年配層が多かった。

信託銀行の主力商品は貸付信託で、高齢者に人気があった。貸付信託は複雑な商品（12のユニットに分かれ、半年ごとに決算）であるため、解約には時間がかかる。そのため行列ができやすい。店舗の外に行列ができると目立つから、それを見た顧客がさらに列に並ぶ。そのため店員は顧客を必死に店内に誘導していた。顧客を店内に入れることは、取付けを目立たせない工夫なのである。

店内で整理券を発行するのもマニュアルどおりである。ただ、信用が傷ついた銀行が発行する整理券を顧客は信用するものであろうか……などと余計なことを考えてしまった。予想に反し顧客は冷静で、店員の指示に従っていた。

しかし、時間が経つとテレビの中継車が集まって、見物人も増えてきた。もしもこの取付けシーンがテレビで放映されたら、深刻な事態になるかもしれない。そう考えた筆者は、テレビ局の経済部の知人に電話した。「テレビの中継車がきていますが、どうするつもりですか。いまの状況を放映したら、この銀行はどうなるかわかりません」。幸い、取付けシーンが放映されることはなかった。

この時、筆者はリアルな取付けの現場を初めて見たのだった。信用秩序を守ることを叩き込まれてきた日銀の行員だっただけに、まさか生きている間に取付けを直接見るとは思っていなかった。

†第2次流動性危機——長銀、日債銀の破綻

1998年9月、筆者は考査局金融課長に異動した。同年3月、大蔵省に続き日本銀行にも接待問題で東京地検特捜部に逮捕される若手幹部がでた。松下康雄総裁、福井俊彦副総裁が引責辞任し、営業局を廃止し、金融機関の行動、資金繰り動向のモニタリング、信用秩序維持に関する有担保貸出は考査局に移管する機構改変が行われた。営業局の金融課長の仕事はそのまま考査局の金融課長に引き継がれた。大手行の取締役部長クラスとやりとりをする。

そうこうするうち、日本長期信用銀行（長銀）の資金繰りが火ダルマになり、破綻の危機が迫っていた。入行同期の信用機構局の中曽宏信用機構課長（後に日銀副総裁）から電話があり、「長銀の資金繰りが極めて厳しい状態。国会で金融再生法（一時国有化）が成立するまで、何とか持ちこたえなければならない」と聞かされた。

信用機構局では、金融機関に個別に連絡して、長銀に資金融通を依頼していたが、金融機関は慎重だった。交渉が漏れると長銀はサドンデス（即時破綻）となってしまう。内々に資金繰り依頼を手伝ってほしい、と言われた。

水面下の金融機関とのやりとりは慎しむ、というのが営業局廃止の真意に思えたが、破綻法制が整う前に長銀が破綻したら金融危機はますます増幅する。何としても回避しなければと思い、こっそり手伝った。

10月23日に金融再生法は施行され、同日、長銀の一時国有化が決定した。住友信託銀行との合併破談後、あっという間の長銀破綻だった。これに続く12月12日の日本債券信用銀行破綻の影響を最も強く受けたのは、大手銀行であった。

大手銀行は、もともと貸出が預金を上回っていて、金融機関の間のいわゆるインターバンク市場から「コールマネー」と呼ばれる資金を恒常的に調達していた。外貨調達が、ジャパンプレミアムの拡大で困難になり、コール（円資金）を取って、市場で円投（円売りドル買い）し、ドルを調達する動きが広がっていた。円投のためのコール需要が膨らみ、円調達も厳しくなる。一方、預金の流出は加速し、資金繰りは非常に厳しかった。大手銀行の資金繰り悪化は後に「第2次流動性危機」と呼ばれた。

†日銀貸出と公的出資

山一證券の自主廃業の1997年11月から98年春までの第1次流動性危機は全国的な取付けに特徴がある。長銀や日債銀の破綻後の第2次流動性危機は、大手銀行が資金繰りに苦しみ、破綻寸前だったのが特徴だ。

円貨については、日銀貸出を受けられないかと打診してくる大手銀行もあった。日銀貸出は「最後の貸し手（LLR、Lender of Last Resort）」だが、当時は金融調節手段としては公開市場操作が主流を占め、日銀貸出はほとんど使われなくなっていた。秘密裡に日銀貸出を行うことは非常にリスクが高かった。

日銀貸出の話が外部に漏れると、その銀行は資金の自力調達ができなくなったと評価され、信用は失墜し、預金流出が加速する。長銀は水面下でやりくりできたが、都銀はマーケットのプレゼンス（存在感）が大きく、都銀のひとつひとつの行動をマーケットは注視しており、すぐにばれる。

中央銀行からの借入により、市場の信任を失ってしまう懸念はスティグマ（stigma）問題と言われ、米国でも重要なテーマになっている。日銀貸出は、最後の手段だが、情報が漏れれば破綻に陥るリスクが高く「両刃の剣」だった。金融機関の資金繰りの悪化は、資本不足により信任が失われているのが根本原因だ。

第1次流動性危機のころから、筆者は金融システムを守るためには大手行への公的資金(税金)の出資しかないと思うようになっていた。

公的出資を行うためには、不良債権の情報開示(ディスクロージャー)強化が必須になる。国民から税金をだしてもらうのだから、国民にきっちり情報開示をしなければならない。だが、ディスクロージャー強化に、大手銀行は猛反発した。「そんなことをしたら、不良債権額が上振れし、信用不安が起きる」との言い分であった。

長銀が破綻するや、大手銀行の資金繰りは限界に達し、国際業務を継続したいと思う大手銀行は、米国SEC基準で情報開示を行うべきであると、筆者は考えた。当時すでに三菱銀行は米国SEC基準を適用していた。ただしそれは業界横並びで米国SECのルールにするのではなく、個々の経営判断に基づく自主開示が望ましいと考えた。業界ルールの整備は調整に時間がかかり、反対する動きも出かねなかったからだ。

大蔵省は、もともと情報開示には消極的だったが、大手銀行の資金繰りを案じ、さらに慎重になっていた。結局、大手銀行は、自主的だが決算より開示時期が遅れる『ディスクロージャー』誌(年報)にSEC基準の不良債権の情報開示を行うこととなった。

99年3月、第2次公的出資が行われた。前回とは一転して、金額は大きくなった。大手銀行もさすがに、この機を逃すと過小資本に陥り、資金繰りがもたなくなると思い切った金額を求めた。経済界、政界、メディアも事態は深刻と認識し、公的出資を歓迎した。

メディアは、従前は読売を除きモラルハザード論を展開していたが、主要紙全紙が「公的資金の注入」の積極派に転じた。首相直属の諮問機関である経済戦略会議では、樋口廣太郎議長（当時アサヒビール会長、住友銀行元副頭取）は資本注入を受ける銀行の経営責任は当面棚上げし、注入から3年後の経営改善状況を見て判断するよう緊急提言を行った。

金融危機を経て、公的資金の注入への反発はまったくなくなった。世論はがらりと変わり、公的な資金の資本注入で大手行の資金繰りもやっと好転し始めた。

第二章

公的資金、預金保険の資金援助始まる

†低利融資方式の公的資金

公的資金投入の第一号は愛媛県松山市に本店がある東邦相互銀行だった。同行を吸収合併する伊予銀行に、預金保険機構が80億円を低利で5年間融資し、伊予銀行は国債を買い利鞘《りざや》を得る。いわゆる「低利融資方式」だった。預金保険による資金援助という「広義」の公的資金。伊予銀行によると、5年間で20億円の収益効果を想定していた。

公的資金には狭義と広義の2種類がある。前者は税金投入であり、後者は預金保険、日銀資金（特融、出資）である。

東邦相互銀行は無尽《むじん》会社を前身とする相互銀行法に基づく相互銀行であった。「無尽」とは、もとは地域で掛け金をためて融通しあう草の根金融。地域の中小企業や個人を顧客とし、その内部でお金の貸し借りをする金融の形態である。四国建物無尽として創業、東邦建物無尽の称号をへて、1958年に相互銀行になった。71年9月には坪内寿夫氏が率いる造船会社来島どっくグループの傘下に入り、同氏のワンマン経営の下、関連企業などへの貸出を積極的に行った。東邦相互銀行は、来島どっくの一種の機関銀行だった。

しかし1980年代に入り、海運不況およびその後の円高で経営が行き詰まった。来島どっく再建のためメインバンクの日本債券信用銀行の主導でグループ内整理が行われ、東邦相互は来島どっくグループからの離脱を余儀なくされ、88年3月期以降は無配となった。東邦相互銀行は、普通銀行への転換が認められなかった唯一の相互銀行であった。91年7月24日に自主再建を断念、伊予銀行に救済合併されることが発表された。

†護送船団方式と預金保険

第2次世界大戦後からこの時まで、日本の金融機関破綻は皆無だった。監督官庁の大蔵省が金融機関を破綻させない「護送船団方式」を強力に推進したからである。

護送船団方式にはオモテとウラ、ふたつの顔がある。いかなる事情があっても金融機関を破綻させない。合併、関係先による支援などにより、必ず金融機関を救済するという方針である。しかしその裏返しとして、落伍者が出ないよう金利、業務、店舗など広く競争を制限していた。

護送船団方式の大義名分は、金融破綻を起こさず、金融秩序を維持・安定させること。経営悪化した金融機関の具体的な破綻回避策として、「地域、業界などを上げて再建支援する（大光相互）」、「大蔵省出身者を社長に送り込む（徳陽相互、大光相互）」、「救済合併を推進する（平和相互）」などが行われた。

伊予銀行に資金援助した預金保険機構は1971年、政府、日本銀行、民間金融機関の出資により設立された。金融界は、「破綻した例もないのに……」と、保険料の負担を嫌がり設立には消極的だった。日本銀行内部にも、預金保険機構がモラルハザード（経営者の倫理喪失）を招き、金融機関に乱暴な経営を誘発するのではないか、との慎重論は少なくなかった。

預金保険機構理事長は、日銀副総裁が兼務した。日銀総裁交代時に副総裁も交代するのだが、預金保険機構理事長は日銀の新副総裁が引き継いだ。ただ、1996年6月の金融危機の1年前、福井俊彦日銀副総裁は、兼務していた預金保険機構理事長を辞任した。日本銀行と預金保険機構との間の、利益相反を気にしたようだ。

その頃には破綻事務が急増し、預金保険機構の従業員に生え抜きが増えていた。当初の従業員は日銀か民間金融機関からの出向者だったが、次第に民間金融機関の出向者はいなくなった。しかし、役員、部次長クラスは大蔵省、日銀出身者が占めてきた。

資金援助額は、法令でペイオフコスト（保険金支払いに要すると見込まれる費用の合計＝保護対象の1000万円以下の預金額の合計）を上回ってはならないと決まっていた（ペイオフコスト原則）。このペイオフコストは、日銀が計算していた。預金保険が資金援助をする際には、日銀は破綻金融機関から一定のフォーマットによる預金データを磁気テープで受け取り、日銀のコンピュータを使って名寄せ（同一預金者の口座を統一）し、ペイオフの場合の支払い保険金額を算出。必要な経費等を加算して計算していた。

ただ、大蔵省は資金援助額、ペイオフコストの前提となる実質バランスシート（資産査定結果）については、大蔵省の検査結果を使用するよう求めた。日本銀行の考査結果は使用しないことに、なぜか強いこだわりを持っていた。

預金保険機構の機能には資金援助と保険金支払い（ペイオフ）がある。前者は破綻金融機関を引き受ける「受皿銀行」に対してロス（債務超過）の穴埋めの資金を援助するもの。後者は預金者に1000万円を限度に預金額を直接支払うものだった。ペイオフは、1000万円（と、その利息分）より大きい部分は返ってこないので、メディアは「預金カット」と呼んでいた。実態をとらえたうまい言い方だ。

†預金保険の初適用

初の預金保険・資金援助を巡っては、関係者の考え方に差があった。

大蔵省は徹底して「護送船団方式」の下での救済にこだわり、預金保険の発動に慎重だった。地域に金融不安が起きることを警戒したからだ。大蔵省は、ある地域に金融不安が生じると、それが他の地域にも伝播すると考えていた。

一方日本銀行は1990年に信用機構局を作り、「破綻金融機関の処理原則」を策定していた。実質債務超過の金融機関に対しては、預金保険機構の資金援助を得て他の金融機関との救済合併を模索するのだ。この「処理原則」を説明に行ったのだが、大蔵省は慎重な姿勢を崩さなかった。そこで日銀は、個々のケースごとに現実的に進めることにした。その第1号が東邦相互だった。

その担当だった筆者は、処理策の作成、行内・対大蔵省調整などに動いた。伊予銀行に、東邦相互銀行を救済合併するのはあくまで地域の金融システム安定維持のためと説明し、伊予銀は預金保険制度の発動という大義名分がぜひ欲しいと求めた。東邦相互銀行の資金繰りがもたなくなりかけたことで、大蔵省も同意し、預金保険を発動することで決着した。伊予銀行による東邦相互銀行の吸収合併は、護送船団行政でしていた救済合併に近く、破綻色は薄かった。

預金保険機構の資金援助は、金銭贈与ではなく大蔵省が低利融資にこだわったもの。破綻金融機関のロス（債務超過）を埋めるものだ。しかし、救済金融機関は金銭贈与で現金を受け取る方がよい。低利融資方式だとバランスシート（資産規模）が膨らんでしまうし、長期間、借入金を管理する手間も馬鹿にならないからである。

当時は、日々の金融調節手段として日銀貸出を使っていた。公定歩合は通常、市場金利（無担保コール、オーバーナイトもの）より低かったので、日銀貸出は銀行側には収益効果があった。伊予銀行から日銀貸出の要望があり、日銀も貸出に応じた。

もともと筆者は、この件が金銭贈与で決着すると思っていたが、大蔵省は「金銭贈与は聞こえが悪く、国会ですんなり通るかわからないので貸付としたい」（銀行局審議官）とのことだった。金融機関（主として信用組合）に対する都道府県の支援、中小金融機関の業界支援（相互援助制度）はもっぱら低利融資であり、金銭贈与はまれだった。

東邦相互銀行でも第二地方銀行協会からの業界支援は低利融資だった。資金援助を貸付にすれば、これまでの支援との類似性から、預金保険制度発動がさほど目立たなくなるという思惑が大蔵省にはあった。

さらに大蔵省は、事業譲渡（＊）でなく合併を選びたがった。いくら合併比率で差をつけても、商法上1対0の合併は認められない。そのため、合併であれば一定程度、破綻金融機関の株主は保護され、従来の救済合併に近いものとなる。株主が保護されるとは、つまり株主責任の追及が不十分となり、出資金もいくばくかは残るということであって、破綻金融機関の株主総会での解散決議が通りやすかった。ちなみに、事業譲渡を選んだら出資金は戻ってこない。大蔵省は東邦相互銀行処理で破綻という用語は決して使わず、「救済合併」と言い続けた。

＊　銀行は営業譲渡（譲受）、組合金融機関は事業譲渡（譲受）という用語を用いていたが、現在

は事業譲渡（譲受）に一本化されたことから、本書では時期によらず事業譲渡の用語を用いる。

当時はまだ、金融機関が新規出店すれば預金は増えて収益が増加するという環境であった。だが、大蔵省が行政指導で新規出店を制限していたため、簡単には出店できない。けれども合併すると店舗が手に入るし、配置転換（既存店を潰して新たな店を出すこと。新規出店より大蔵省に認めてもらいやすかった）にも使える。そのメリット（合併に伴う店舗増による収益効果を、「のれん代」（店舗価値）として計上させたのだが、店舗引き継ぎの価値「のれん代」は徐々に減る傾向にあった。

預金保険発動でいよいよ護送船団方式の終焉かと思ったが、大蔵省の意識は違っていた。大蔵省は金融システムの安定が何より大事で、処理策も従来の「救済」の延長線上にあるように見せたがった。護送船団方式は放棄したくなかったのだ。

†BCCIの破綻とヘルシュタット・リスク

東邦相互銀行の処理策も最終調整に入った1991年7月、ルクセンブルクに本店を構える多国籍銀行BCCI（Bank of Credit and Commerce International）が破綻した。7月6日土曜日のことだった。

白川方明信用機構課長から召集がかかった。ＢＣＣＩが破綻したと言う。筆者はＢＣＣＩのことなどまったく知らず、出勤の途中、「ＢＣＣＩて何だ？」と独りごちた。職場に到着すると、これまた異様なムードであった。その日は、隣の決済システム課職員の結婚披露宴だったのだ。結婚式出席者は、会場から直接日本銀行にきたので、局次長以下そろって礼服に白タイという出で立ち。そして少々赤ら顔。

ＢＣＣＩは、１９７２年に設立されたが、不良貸出やディーリングの失敗から経営が悪化。加えて、架空貸出、簿外預金、自己株取得等の粉飾が会計法人の監査により発覚し、91年7月5日にルクセンブルク商事地方裁判所により営業停止命令が発出された。ＢＣＣＩ東京支店は、86年の開設。同支店は、破綻当時６００億円の負債を有していたが、資産の大半は海外に送金され、日本に残された現金はわずか40億円だった。母国での営業停止を受けて、大蔵省は銀行法に基づき、同支店から臨時休業届けを受理（6日）し、その後、同支店は特別清算（旧商法）となった。

ＢＣＣＩの破綻処理においては、いくつか得難い経験をした。第1に、国際的な清算実務である。このケースでは、各国の倒産手続きで回収された資産をルクセンブルクに集中し、ルクセンブルクの手続きに基づき平等に配当がなされるプーリング・システムがとられた。日本はこれに従うことが国益に資するか検討、東京支店にはさしたる資産がなかったので、プーリング・システムに参画することにした。その後、アラブのスポンサーが現れたことから清算配当率は上がった。参画は正解であった。

第2に、初の預金カットである。日本の預金保険制度では、外銀在日支店の預金は保護されない。BCCI東京支店には、個人預金もあったが、法人の大口預金が多かった。幸いBCCIの知名度は低く、他の銀行への波及はなかった。

第3に、決済リスクの発生だ。代表的な決済リスクとして、「ヘルシュタット・リスク」がよく知られているが、日本でそれが起きたのだった。

日本興業銀行（興銀）はBCCIとの間で円ドル交換取引を実行していた（興銀の円売りドル買い）。興銀は、東京で円の受け渡しは済んでいたが、時差のためにニューヨークのドルの受け取りが済む前にBCCIが破綻したため、ドルを取りはぐれた。当時の興銀の黒沢洋頭取は、本件は時差の問題であって、リスクの問題ではないと言っていたが、これは、違和感ある発言だ。典型的な「ヘルシュタット・リスク」だからである。

1974年、独ヘルシュタット銀行は外為市場閉鎖後に破綻した。外国為替取引において、交換される通貨の受け渡しは、決済日に通貨発行国で行われる。時差の分だけ、受け渡しにタイムラグという決済リスクが発生する。74年6月26日午後、独ヘルシュタット銀行が監督当局から営業停止処分を受け倒産した同日を決済日とする為替取引、米国の銀行からドルを買い、欧州通貨を売る取引をしていた。米銀はドイツ時間の午前、欧州通貨を渡した。しかし、米国でのドルの受け取り前にヘルシュタット銀が破綻し、大きな損失を被った。時差による決済リスクは「ヘルシュタット・リスク」と呼ばれるようになった。

大蔵省でBCCI問題を処理したのは銀行局銀行課の氷見野良三課長補佐（のち日銀副総裁、元金融庁長官）だった。氷見野氏は土曜日の朝、早々に出勤し、本国と連絡がつながらないとして休業届けの提出を渋るBCCI東京支店長を説得し、無事休業届けを提出させた。BCCI東京支店の処理をほぼ1人で対応した。手際のよさに舌を巻いた。火事場に強い人だ。

†東洋信金の巨額詐欺事件

東邦相互の処理が終わったと思いきや1992年4月、前代未聞の架空預金証書事件により、大阪市の東洋信用金庫が破綻した。東洋信金の元支店長が料亭経営者の尾上縫氏に対し、巨額の架空預金証書（4100億円）を発行。さらに質権設定承諾書の偽造を行った。尾上氏は預金証書を担保に、興銀、富士銀行、ノンバンクから3240億円を借り入れた。係争・和解の結果、東洋信用金庫は興銀、富士銀行、ノンバンクなど10社に対し2512億円の債務を負い、92年4月破綻した。

尾上氏は、30歳代半ばで料亭「恵川」の女将となり、バブル期には「北浜の天才相場師」「バブルの女帝」と呼ばれた。尾上氏は銀行融資を受けて株式の売買を積極的に行ったが、とくに1980年代後半に興銀との関係が深まった。

尾上氏は無記名の割引金融債を購入、これを担保に興銀から融資を受け、それを原資に株投資をした。尾上氏は東洋信金の件を興銀にのみ打ち明け、興銀は33億円を回収した。やがて証書偽造が発覚し、8月13日、詐欺罪で逮捕。92年6月、破産宣告。その際の負債総額は4300億円で、個人の負債としては最高額であった。1991年8月、

東洋信金の処理では預金保険が200億円を援助。処理スキームの概要は以下の通りである。

① 預金保険機構の資金援助は、200億円の金銭贈与

預金保険機構による資金援助は、東邦相互銀行では貸付（5年間の低利融資）であったが金銭贈与に変わった。ロス額増加により資金援助額も増え、貸付方式では融資額が膨らみすぎる。また、預金保険機構の財務への影響が大きすぎることから、金銭贈与に変わった。

低利融資は援助を受ける側のバランスシートが拡大する。金利低下で利鞘確保が困難に

なっていたことも金銭贈与に変わった理由だ。貸付は、東邦相互が最初で最後である。

② 東洋信金は三和銀行が吸収合併するが、同行による店舗の引き取りは5店舗のみで、残り25店舗は従業員を含め大阪府下18信金に分割譲渡した。

不正を働いた東洋信金の支店長は三和銀行出身であったが、その責任論から負担を求められることに三和銀行は激しく抵抗。店舗の引き取りも拒否の姿勢であった。

東洋信金の場合、東邦相互銀行と同様にロス額を減らすため資産として「のれん代」が計上されているが大きくはない。「のれん代」は店舗価値で、三和銀行への店舗譲渡費用は5店舗、50億円。大阪府下18信金が25店舗、100億円だった。三和銀行が5店舗しか引き取らなかったのは、店舗がもはや魅力のないものになっていたからだろう。なお日銀は三和銀行に貸出を行った。同行から要請を受け、東洋信金問題の円滑な処理のために不可欠と判断したためである。

†「奉加帳方式」とは何か

③ 奉加帳方式の外部支援

東洋信金処理での外部支援620億円のうち、興銀550億円、全国信用金庫連合会（全信連、現・信金中央金庫）70億円だった。預金保険機構の資金援助はペイオフコストを上限とするとの法的縛りがある。預金を全額保護するには預金保険の援助額では足りず、外部支援が必要だった。

東洋信金の場合、信金等の業界支援に加え、何らかの個別の関係があった金融機関に大蔵省が支援を求めた。たとえるならば、有力な檀家が檀家全体から寄付を募るときの感じに似ていたからだろうか、金融界ではこの時から大蔵省が資金拠出を求めることを「奉加帳方式」と呼んだ。奉加帳とは、一般に社寺に奉加する財物を書き連ねた帳簿、寄付を求めるときに回して金額、氏名を記入する帳面のことである。東洋信金をめぐる事件での、興銀の責任は重く、同行は支援せざるを得なかった。興銀は、預金保険が発動されるなかでの初の奉加帳方式適用先となった。

金融界から奉加帳方式と批判された例として、1995年1月の東京共同銀行への出資（日銀200億円、民間152行200億円）と97年4月の日本債券信用銀行に対する増資（株主の銀行、生保など約40社に3000億円程度の増資）を求めた例がある。日債銀には日銀も800億円を拠出した。

女帝・尾上縫氏を軸に、巨額の架空預金ならびに名門興銀から2000億円にのぼる多額融資と、バブル時代を象徴する事件であった。本件以降、地上げ屋や反社会的勢力（反社勢力）と大手行が関与する事件が次々と明るみになった。

複雑、難解な事件だったが大蔵省の対応は素早かった。事件発覚が91年8月、処理策の作成、関係者との調整（東洋信金、大阪府下信金、三和、興銀、ノンバンク等）を行い、処理案の公表は92年4月とわずか8か月での案件処理だった。大蔵省によるスピード処理のせいか、東洋信金問題に関して日本銀行内部で議論した記憶も、大蔵省と同僚が折衝していた記憶もほとんどない。この同時期に、筆者は釜石信金を担当していたことも、記憶が薄い理由だろう。釜石信金の処理案作りが進んでいたことから、東洋信金処理にタッチしていなかった。

なお当時、日銀の大阪支店長をしていた南原晃氏は、「偽造預金で預金契約は成立していない。預金契約が成立していなければ東洋信金は債務超過にならない。同信金を破綻処理するのは間違っているのではないか」と批判していた。

預金証書は同信金支店長が発行しているので、預金契約は成立しているという考え方（表見代理）と、偽造預金なので預金契約は成立していないという考え方があった。

†事業譲渡か合併かの対立――釜石信用金庫

93年5月、岩手県釜石市の釜石信用金庫が地場産業の鉄鋼の低迷を背景に破綻した。釜石は歴史ある鉄の町であった。釜石製鉄所は1880年に操業を開始した官営釜石製鉄所として創業、ピークの62年度には従業員数8647人にのぼった。1970年の八幡・富士の合併によって新日本製鐵が発足した後も合理化が続けられた。

新日鉄釜石は79年から85年にかけて、ラグビー日本選手権で前人未踏の7連覇を達成したことは全国的に知られている。しかし、円高、世界不況の煽りを受けて、89年に高炉が全面休止となった。

釜石信金は筆者にとって破綻処理の実務を扱う第2弾であった。預金保険の資金援助として、金銭贈与が発動されたが、大蔵省の反対はなかった。処理方法にもいくつかの新機軸を導入、基本的なスキームが確立した。具体的には、

① 事業譲渡（従来は合併）、複数先への分割譲渡
② 不良債権の分離
③ デューディリジェンス（譲受資産の精査）

などである。最大の争点は、事業譲渡か合併かであった。

受皿金融機関候補の岩手銀行は、断固として事業譲渡を主張した。合併となると将来にわたり発生する問題を含め、「包括承継」となる。不確実性が大きすぎ、合併は取り得ないとの言い分だった。

大蔵省は従来と同じ合併とすべきと強く主張した。岩手銀行の佐藤光頭取は「健全経営

の伝統を守るため、釜石信金の処理で当行がリスクを被ることは到底できない。当局が合併にこだわるのであれば、釜石信金処理に参画できない」と強硬姿勢であった。

岩手銀行は、昭和金融恐慌で大打撃を受け、以降健全経営を最優先として経営を行ってきた。同行の自己資本比率は地銀中、第2位だった（当時、2020年度14位）。同行は、新入行員に対し昭和金融恐慌時の状況をまとめたパンフレットを配布し、新人研修を行っていた。

一方、大蔵省は前例踏襲主義だった。金融機関の破綻でも金融システムの安定を守る（取付けは起こさない）ため、護送船団方式を継続したかったと元銀行局長の西村吉正氏は後に回顧している。大蔵省は破綻処理を行う場合においても、従来型の救済合併に極力近いものを志向した。

預金保険の資金援助を用いて金融機関の処理を行うのは破綻処理であって、救済ではないことを明確にすべきである。経営責任と株主（出資者）責任が求められる。破綻は起こさないという護送船団方式はもう続けられないと筆者は考えていた。岩手銀行の主張どおり、合併でなく事業譲渡にすべきと思っていた。

受皿になってくれそうな候補とは、コミュニケーションを取ることが肝要だ。93年2月、考査局の松尾徹隆調査役と日銀仙台支店に向かった。

松尾調査役は考査局管理課で問題先金融機関の調査を行っていた。取引先については、実地考査の後、問題先のフォローアップを行うほか、非取引先（一部の信用金庫とすべての信用組合等）については親機関（全国信用金庫連合会、全国信用組合連合会等）からのヒアリング、日銀支店を通じての情報収集を行っていた。

日銀仙台支店で、岩手銀行斎藤育夫専務、岩淵孝男企画部長と会い、釜石信金に関する情報・意見交換をした。当方から具体的な預金保険の資金援助、先方から処理策についての質問、意見がでた。本音でかなり突っ込んだ話し合いができた。しかし、釜石信金の件で新たなリスクを被ることはできない、やはり事業譲渡しかないと岩手銀行の注文は厳しかった。

仙台での打ち合わせ後、岩手銀行から連絡があった。大蔵省銀行局中小金融課から呼び出しがあり、釜石信金と合併せよと強く迫られた。大蔵省には合併は飲めないとお断りしたとのこと。その話を聞いて大蔵省を訪ねると、岩手銀行から合併は不可と言われたが、事業譲渡では局内が通らないとのことであった。

筆者のカウンターパートは銀行局中小金融課課長補佐であった。課長補佐は頭の回転が早く、まじめで裏表のない人物であり、個性派の課長と岩手銀行の間で大変苦労されていた。筆者は、両者から相談を受ける役回りとなっていた。

岩手銀行の言い分を聞かないと、釜石信金は引き受け手がなくなる。事業譲渡でいくしかないと大蔵省を説得した。次第に釜石信金の資金繰りが不安視されるようになり、結局、大蔵省が譲歩した。

不良債権の分離から分割譲渡まで

筆者はもともと破綻処理策には、新機軸の開発が必要と考えていた。受皿のなり手が減る中、スキームの充実により、少しでも受皿になってもよいと思う先が増えてくれるとありがたいし、スキームはコピーできるので破綻処理の生産性が向上する。

釜石信金のケースでは、岩手銀行のニーズを踏まえ、全信連の梶田益男考査部長らと、不良債権の分離、デューディリジェンス（譲受資産の精査）など新たなスキーム開発に取り組んだ。梶田部長は業界の相互援助制度の運営を行っており、実務に明るく、個別信金の経営状況にも詳しかった。

具体的な作業は不良債権の分離や資産内容の事前精査など。いずれも初の試みであったが、こののち信用金庫、信用組合の破綻処理では「不良債権分離」が定着した。

① 全信連がファクタリング（債権買取）の会社（東北信金ファクタリング）を設立し、釜石信金から譲り受けた不良債権を回収、管理（不良債権の分離）

② 岩手銀行は正常債権を中心に個々に貸出債権を精査し、譲受する債権を選別（デューディリジェンス）

これは不良債権および不良債権化するリスクのある債権は引きとらないとの岩手銀行の考えを受け、同行に個々の債権を見てもらえばよいと考え、デューディリジェンスを行うことになった。

③ 釜石信金を岩手銀行のほか、東北銀行、北日本銀行、盛岡信用金庫、宮古信用金庫、一関信用金庫の6つの金融機関に分割譲渡

店舗立地から引き取ってよいという金融機関に譲渡することで、岩手銀行のリスクも軽減すると考えた。分割譲渡は、アイディア自体は釜石信金が先行して検討していたが、実施は東洋信金が先になった。

†資産稼働効果を導入

店舗譲渡の調整を行いながら、支援全体を見直した。

まず、店舗譲渡にかかわる「のれん代」の計上を取りやめた。受皿銀行などに対して店舗譲渡代として負担を求めるのれん代は、それまで東邦相互は44店舗36億円、東洋信金は大阪府下18信金に25店舗で100億円、三和銀行は5店舗50億円の計150億円と計上し

てきていた。だが、店舗規制が緩和され、店舗価値が乏しくなったことから、のれん代をゼロにしようと判断した。

一方、新たに導入したのが「資産稼働効果」であった。預金保険機構からの金銭贈与で破綻金融機関のロス埋めが行われるが、これとともに収益を生まない不稼働資産が預金保険機構の資金援助で稼働化する（入手したキャッシュで国債等への運用が可能となる）。その収益効果が、資産稼働効果である。この資産稼働効果は以降の破綻処理の計算として引き継がれた。

東邦相互、東洋信金の処理では日銀貸出が使われたが、釜石信金では使わなかった。岩手銀行から、事業譲渡、デューディリジェンス、不良債権の分離等のリスク削減の要望を受けたが、要望の中に日銀貸出はなかった。長期的な金融緩和の下、日銀貸出のニーズも後退していた。

日銀仙台支店とは、岩手銀行との打ち合わせをきっかけに釜石信金への現金搬送シミュレーションの検討も依頼した。破綻処理公表時に、大量の預金が流出する可能性がある。いつまでに、どこへ、どのルートで現金を搬送するか、事前に決める必要があった。

現金搬送ルートは、日銀仙台支店と盛岡の岩手銀行本店の二とおりが考えられた。釜石は陸の孤島と言われ、どちらも距離がある。相対的には、盛岡が近いが、道路事情からみて、時間的にはさほど有利性はない。盛岡には、日銀が岩手銀行の金庫を借りて現金を在庫していた寄託券がある。しかし、金庫開閉等の異例対応等の利便性、機動性は日銀仙台支店が勝っている。仙台ルートを選択した。

全信連からは出資金の扱いについて要望を受けた。釜石信金の出資金は新日鉄釜石の職員等の退職金が相当投資されていた。同信金の出資証券がすべて紙屑になってしまうのは忍びない。スキーム外で、全信連が自らの負担で出資金相当額を肩代わりしたいとのことであった。スキーム外であれば、全信連の自由な意思を尊重すべきと考えた。

事業譲渡から時間が経過したある日、岩手銀行の斎藤専務と話をする機会があった。斎藤専務はニコニコしながら、釜石信金から引き取った職員から支店長が誕生したと話してくれた。フェアで立派な銀行と改めて感じ入った。斎藤専務は後に岩手銀行の頭取に、全信連の梶田部長は信金中央金庫（前身は全国信用金庫連合会）の副理事長になられた。

†悪質な破綻理由――イトマン事件と大阪府民信用組合

大阪府民信用組合（大阪府大阪市）は、バブル期に大口定期預金の獲得を積極化する一方、不動産融資や伊藤萬株式会社（イトマン）等の特定の取引先向け貸出に傾斜して貸出金の増加を追求した。しかし90年頃からイトマンへの過大な不動産関連投融資が表面化した。大阪府民信組の経営問題が報道され、資金繰りは深刻化した。

大阪府民信組は91年、大阪府、全国信用組合連合会（全信組連）、富士銀行、大和銀行、大阪府信用組合協会（大信協）の支援を受け再建に乗り出した。しかし、不動産市況の悪化から、業況悪化に歯止めがかからず、93年6月、自主再建を断念した。

大阪府民信組がのめり込んだ住友銀行系の総合商社イトマンは、バブル時代を象徴するイトマン事件で記憶している読者も多いだろう。日本を代表する大手銀行、住友銀行を舞台とした未曾有のスキャンダルは、戦後最大の経済事件と言われる。日本の金融システム不安を予感させる事件であった。

業績不振のため雑多な事業に手を出していたイトマンと、経営コンサルタントの伊藤寿永光・協和綜合開発研究所（コンサルタント会社）社長をつないだのは、住友銀行出身のイトマン社長・河村良彦氏だったと言われている。1990年にイトマンへ入社した伊藤氏は、自身が経営する雅叙園観光の行き詰まりから住友銀行に急接近し、イトマンを介して住友銀行から多額の融資を受けるようになる。

また、イトマン事件で世間に広く名を知られることになった許永中氏は、債権者として雅叙園観光にかかわり、イトマンの乗っ取りをたくらんだ伊藤寿永光氏と関係ができたとされる。反社勢力ともつながりがあったようだ。1990年5月、イトマンの不動産投資にかかわる借入金が1兆2000億円にのぼるとの日本経済新聞の報道をきっかけに、許氏はイトマンの河村社長に経営安定のための美術品や貴金属投資をもちかけた。イトマンは許氏が所有する絵画、骨董品を676億円で買い受けたが、それらの鑑定評価書は偽造であり、イトマンは多額の損害を被った。

伊藤氏や許氏はイトマンに、ゴルフ場開発等に多額の資金を投入させるなどして、最終的にイトマンから闇社会に流れた資金は、全体では3000億円以上とみられている。

1991年7月、大阪地方検察庁特別捜査部は特別背任の容疑で、伊藤寿永光氏、許永中氏、河村良彦氏ら6人を逮捕、起訴した。2005年10月、最高裁の上告棄却決定により、許氏は懲役7年6か月、罰金5億円、伊藤氏は懲役10年、河村元社長は懲役7年の刑が確定した。

住友銀行の磯田一郎会長は90年10月、引責辞任を発表、14年間続いた同行トップの座を退いた。イトマンは93年、住友金属工業（現・日本製鉄）の子会社住金物産に吸収合併された。以上が、イトマン事件の概要である。

伊藤寿永光氏や許永中氏らと親しかった南野洋氏が理事長を務める大阪府民信組は、90年12月、イトマン関連の巨額融資が発覚し、資金繰りが深刻化した。

大阪府民信組は、以前は三和銀行との関係が深かったが、当時大阪の営業強化に注力していた富士銀行との関係を強めた。富士銀行は11人の人材を大阪府民信組に派遣、富士銀行から顧客の紹介を受けて預金を増やす、いわゆる紹介預金1300億円の預け入れを受けた。これを原資に大阪府民信組は、伊藤氏に860億円、許氏に125億円と合計で1000億円近くにのぼる融資を行った。

イトマン関連の巨額融資が発覚すると、大阪府民信組は資金繰りが急激に悪化した。富士銀行は経営不安に陥った大阪府民信組に460億円のつなぎ融資を行わざるを得なくなった。

†大阪府民信組の破綻処理

大阪府民信組の破綻処理では、信用組合大阪弘容が吸収合併し、預金保険機構が199億円を金銭贈与した。このほか40億円の外部支援があった。

釜石信金の破綻処理(1993年)は事業譲渡であったが、大阪府民信組は合併だった。大蔵省は引き続き合併を破綻処理のメインに据え、東京協和、安全の二信組処理(94年)まで合併が続いた。のれん代は、釜石信金に続き計上せず、資産稼働効果を計上した。釜石信金と同様に大阪府民信組の不良債権を分離し、大阪府信用組合協会に移管した。

イトマン事件における大阪府民信組は、融資量のかさ上げに狂奔するなど、それは最早、信用組合という「地域限定」で「組合員のため」の金融機関の役割を逸脱していた。

この処理で注目すべき点は、預金保険の資金援助額が増額されたことだ。資金援助決定後、不良債権が上振れし、放置すると譲り受け先である信用組合大阪弘容が二次災害にあうおそれがあったからである。

当初は190億円だった資金援助額が9億円増額され、199億円となった。なぜ中途半端な9億円の増額にとどまったか。大蔵省見解は、「信組への資金援助額は、信金への資金援助額を上回ってはならない」からであった。東洋信金の資金援助額は200億円だったので、大阪府民信組の上限は199億円というわけだ。

資金援助の増額は合併期日までは可能だった。もちろん、ペイオフコストの縛りがあり、預金保険機構・運営委員会での再度の議決が必要ではあった。

大阪府民信組は初の信組破綻だった。信組は日銀の取引先でなく、考査（大蔵省・金融庁の検査にあたる）を行わない。大阪府民信組の監督官庁は大阪府で、日銀には信組の情報量が少ない。預金保険を発動するために、大蔵省が大阪府から話を聞きながら処理案を作っていた。

大阪府民信組処理は大蔵省銀行局中小金融課の課長補佐が担当していた。仕事のやり方は担当者により違うが、この課長補佐は責任をもって、きちっと詰めるというタイプだった。概要は聞いていたが、詳細なスキームはある程度固まったところで聞くことになっていた。そんな頃、吉本宏日銀副総裁から大阪府民信組の処理スキームについて説明せよとの指示があった。当時、預金保険機構の理事長は日銀副総裁が兼務していたからである。

吉本氏は大蔵省出身で、行動パターンが日本銀行出身者と大きく異なっていた。日銀では担当者が副総裁に直接説明をすることはまずない。電話は予告なしで、秘書経由ではなく、直接本人からかかってくるから、速やかに回答する必要がある。

ところが、吉本副総裁から説明を求められた時点では、まだ大蔵省から大阪府民信組の処理スキームは詳しい説明は受けていなかった。副総裁から電話を受けた小林英三信用機構課長に、「スキームはまだありません。説明はできません」と答えたが、「説明できないはないだろう」とたしなめられた。ポンチ絵に、ポイントを箇条書きにした紙を1枚、急ぎ作成した。時間がないのでなだれ込むように副総裁室に入り説明。歌舞伎の勧進帳のような感じであった。すると、副総裁は「わかった」の一言。こんなことは、日銀勤務において最初で最後だった。

†幻の合併構想

徳陽シティ銀行は、1980年5月に簿外保証、土地ころがし、反社会的勢力関連企業との結びつき等の不祥事が国会でも取り上げられ、その後も不良債権問題から不安定な経営が続いていた。

1994年4月、古典的な合併話が持ち上がった。北日本銀行（本店・岩手県盛岡市）、殖産銀行（本店・山形県山形市）、徳陽シティ銀行（本店・宮城県仙台市）という東北の第二地銀3行の合併。新銀行名は平成銀行になる予定だった。だが、北日本銀行が合併に難色を示したことから、次第に雲行きが怪しくなる。社長は大蔵省の要請に応じ合併合意を発表したが、発表後には労働組合を中心に反対派が勢いを増していた。

大蔵省銀行局中小金融課から依頼があった。この合併構想は、「金融機関の不良債権問題についての行政上の指針」（94年2月、大蔵省）に基づくもので、日銀にも協力してほしい、というものだった。預金保険の資金援助すら活用せず、問題金融機関を近隣金融機関と合併させるという手法は、かつての護送船団方式そのものだった。

筆者は、徳陽シティ銀行の自力再建は難しく、合併により他の2行も共倒れとなるリスクが高いと直感していた。この構想は1994年6月、わずか2か月で破談となった。

徳陽シティ銀行は3年後の1997年11月に破綻した。取付けが伝播したことで金融危機の引き金となった銀行である。他の2行については、北日本は存続、殖産は山形しあわせと統合（きらやか銀行）という結末であった。

合併構想が破談となった6月20日、大蔵省中小金融課から三田共用会議所（中央官庁が共同で利用可能な国際会議場）にきてほしいと連絡が入った。突然の大蔵省からの呼び出しに正直、面食らった。

筆者は小林英三信用機構課長に随行した。到着すると寺村信行銀行局長がおられた。その席上、坂篤郎中小金融課長から、合併の実現に向け最善を尽くしたが、日本銀行の協力も空しく実現できなかったこと、申し訳ないとの報告が行われ、寺村銀行局長からは労いの言葉があった。

北日本銀行の日銀ＯＢが合併に反対していたので、大蔵省は日銀に、その説得を期待していたと思われた。しかし、日銀ＯＢと喧嘩もできず、日銀は合併推進について真剣に対応したとは言えなかった。

†韓国系金融機関初の破綻――信用組合岐阜商銀

日本には各都道府県に商銀、興銀の名前の韓国系の信用組合と朝銀の名前がつく北朝鮮系の信用組合があった。朝鮮半島系信組を破綻処理する際には外交・政治問題にならないか、預金保険の援助が本国に送金されてしまわないか、といった心配がつきまとった。反社への貸出集中にも気を遣った。

信用組合岐阜商銀（岐阜県所在）の破綻は韓国系信用組合の初の破綻処理だった。

岐阜商銀は大口預金を中心に預金増強する一方、反社会的勢力（反社）への不動産融資を拡大した。しかし1990年頃から特定先への融資で元本や利子が滞った。反社との癒着関係が露見すると、預金が流出し、経営内容が悪化する。そして1994年9月、自主再建を断念した。

処理スキームは、韓国系の信用組合大阪興銀（大阪府所在）による合併、不良債権の分離などだった（なお、大阪興銀は1993年、神戸商銀、滋賀商銀、奈良商銀、和歌山商銀と合併して信用組合関西興銀と名称変更）。

1995年、関西興銀が岐阜商銀を吸収合併し、預金保険は25億円を金銭贈与した。岐阜県、全信組連、在日韓国人信用組合協会（韓信協）、岐阜県信用組合協会も低利融資による27億円分の支援を実施した。十六銀行、大垣共立銀行、岐阜信用金庫が資金の一括贈与で8億円。外部支援は合計35億円であった。そして、不良債権を債権管理会社、株式会社山水に分離した。

中小金融機関が破綻した場合、地元の金融機関に事業が引き継がれるのが一般的だった。しかし、岐阜商銀は大阪興銀（関西興銀）に引き継がれたため、合併によって営業エリアが広域化（複数の都道府県に店舗が存在）する。信用組合であっても合併後の関西興銀は、大阪府や岐阜県といった都道府県ではなく、大蔵省が監督するようになるのか。そもそも信組の監督は都道府県には無理。大蔵省に移したほうがよいと思う、と筆者の問題意識を大蔵省に投げてみた。通常、制度論に踏み込まれることを大蔵省は嫌うが、この時は特段、反発も反論もなかった。大蔵省も、同じ考えを持っていて、2000年4月、信用組合の監督権限は都道府県から大蔵省に移った。

✝太平洋銀行の逆さ合併

東京都に本店を置く第二地方銀行だった太平洋銀行に、銀行破綻という印象は薄いのではないだろうか。かつての護送船団方式をひきずる破綻処理で、都銀による再建支援を何度も受けていたので、破綻というより救済イメージが強いかもしれない。

あるいは、太平洋銀行と聞くと、「逆さ合併」の主役として記憶に残っている方もいるかもしれない。逆さ合併は、2003年3月に実施されたことで一躍有名になった。

太平洋銀行から事業を譲り受けた「わかしお銀行」は、三井住友銀行（2001年4月さくら銀行と住友銀行による合併）を親会社として合併したのだが、合併の形式上、親の三井住友銀行が消滅し、わかしお銀行が存続会社となった。子会社が親を吸収したため、「逆さ合併」という。

当時、三井住友銀行は多額の有価証券含み損をかかえていた。この合併に際し、三井住友銀行を存続会社にすると、同行の有価証券を時価で再評価する必要が生じることになり、自己資本比率が大幅に低下する。

一方、わかしお銀行を存続会社にすると、三井住友銀行の資産含み損益全体を合併差益として計上できる。不動産の含み益が大きいため、有価証券の含み損が一掃された。

このように小さな会社を存続会社とする合併を「逆さ合併」と言う。だが、この後「逆さ合併」の場合に、清算会社となる規模の大きな会社の財産は簿価とすることが義務づけられ、以降の銀行合併に「逆さ合併」は使えなくなった。

†太平洋銀行の来歴

太平洋銀行の来歴について、少々掘り下げてみたい。太平洋銀行の前身は、第一相互銀行である。既述のように草の根金融「無尽」から発展した金融機関である相互銀行には、融資対象を中小事業者に限定するという制限があった。1951年に相互銀行法が制定され株式会社となった後、89年、52の相互銀行が大蔵省から認可を受け、普通銀行に転換した。

その第一相互銀行で、巨額の導入預金と不良貸出が発覚したのは、1956年のことだった。導入預金とは、「特別の利益を得るため特定の第三者に融資等を行うことを条件として預金を行うこと」である。この大蔵省検査で経営危機に陥った第一相互は、日本相互、東京相互、平和相互3行による支援を受けた。護送船団方式で救済されたのだった。

1984年、第一相互は生え抜き社員の小林千弘社長が誕生し、規模拡大に注力した。とくに不動産に力を注いだ第一相互が、「地上げの帝王」と呼ばれた早坂太吉氏率いる最上恒産グループ向けに巨額の融資を実行したことは、国会（87年衆議院土地問題特別委員会）で取り上げられるほど大きな問題になった。

これより前にも、大蔵省検査で、過剰融資と問題債権の指摘が繰り返しあったが改善せず、1988年に第一相互の大口融資規制違反を指摘した大蔵省は、ついに小林社長に退陣を迫る。89年6月に大蔵省OBが会長に、太陽神戸銀行常務が社長にそれぞれ就任した。そして大蔵省は、太陽神戸銀行、富士銀行、東海銀行、三和銀行の4行に第一相互への融資、役員派遣を要請するなどし、4行支援体制を作った。第一次支援である。この年の10月、第一相互は普通銀行に転換し、太平洋銀行に改称した。

しかし、バブル崩壊により経営状況は悪化した。そこで第二次支援策として、92年、先の4行による低利融資等の追加支援が行われた。

1995年8月に兵庫銀行が破綻すると、太平洋銀行にも破綻の風評が立ち、預金が流出。不良債権の増加にも歯止めがかからず96年3月29日破綻したが、同年6月には、さくら銀行が出資してわかしお銀行が設立され、その後太平洋銀行はわかしお銀行に事業譲渡した。この、さくら銀行による支援は、日本相互による第一相互支援以来の関係がその後も長く続いていたからだった。

周知の通り、さくら銀行は現在の三井住友銀行の前身のひとつである。相互銀行首位銀行だった日本相互は、普通銀行に転換すると太陽銀行と改称（1968年）して、都銀の仲間入りを果たした。その後、神戸銀行と一緒になって太陽神戸銀行（73年）、三井銀行といっしょになって太陽神戸三井銀行（90年）と、合併を重ねていった。太陽神戸三井が、さくら銀行に行名変更（92年）、さらに住友銀行と合併して三井住友銀行となった（2001年）。

大蔵省との擦り合わせ

太平洋銀行の破綻処理スキームをみてみよう。

第1のポイントは、それまでの4行支援体制から、さくら銀行（太陽神戸三井）の子会社となった点だ。さくら銀行が全額出資（資本金400億円）でわかしお銀行を設立。太平洋銀行から事業譲渡を受けた。

わかしお銀行は、普通銀行が普通銀行を子会社化する初のケースだった。当初は、従来のさくら銀行、富士銀行、東海銀行、三和銀行の4行支援体制による共同出資を検討していた。しかし、ぎりぎりになってさくら銀行が公正取引委員会に事前相談すると、「一定の取引分野における競争を実質的に制限することとなるおそれがある」という指摘を受ける。このため、1996年6月にさくら銀行全額出資により、わかしお銀行を設立することとし、他の都銀3行は総額933億円の劣後ローン（金利は高いが返済順位が低いローン）を供与することになったのだった。

第2のポイントは、支援額。わかしお銀行に預金保険から1170億円の金銭贈与を実施、外部支援としても、さくら、富士、東海、三和の4行による合計1159億円の債権放棄を実施した。

兵庫銀行処理案公表後、太平洋銀行について大蔵省銀行局中小金融課の課長補佐と雑談をした。非公式の、個人的な情報交換である。「雑談」は大蔵省と意思疎通を図るうえで有効な手法であった。日本銀行では、行内で議論した結果を速やかに大蔵省に持ち込み、説明しろというやり方が比較的多いのだが、大蔵官僚はいきなり案件を持ち込まれることを嫌う。日銀のやり方だと、もし大蔵省が難色を示したら話がそれで終わってしまう。破綻処理担当としては、行内議論が終わっていない段階で、大蔵省との非公式な議論を行って、その中で考えを修正したり、新たな提案を行ったりすることが有用であった。

太平洋銀行問題について、筆者から切りだした。「太平洋銀行は、都銀4行の支援を受け、自主再建に取組んできたが、不良債権の増勢に歯止めがかからない。これ以上問題を先送りすると、日本の金融システムの安定を脅かすことになりかねない。この際、太平洋銀行を抜本処理すべきではないかと筆者は思っている」。

筆者がおそれていた大蔵省として最もありがちな反論は、支援してきた4行の責任論を持ち出されることだった。たとえば「太平洋銀は都銀4行が長らく経営再建のため支援を行ってきた。4行の責任であるにもかかわらず、預金保険にツケを回すのはおかしい」というものである。

大蔵省銀行局中小金融課の課長補佐は、これまで筆者が折衝してきた大蔵省にはない、合理的で即決派の人物であった。課長補佐は、預金保険を使って処理することへの反論をせず、「4行体制は集団無責任体制」とズバッと直球が返ってきた。筆者と大蔵省と意見の相違はない。つまり、預金保険の資金援助が使え、いざとなったら、都銀4行がバックに控えている。これは今までの破綻処理の中で最も楽な案件だと内心ほくそ笑んだ。

†落とし穴は別にあった

ところが、世の中甘くはなかった。都銀4行の調整という超難問が待ち受けていたのだ。4行と話を開始すると、厳しい構図が浮き彫りになった。

さくら銀行は前身（といっても相当前だが）の日本相互銀行が、第一相互の支援を行っていたという関係があるだけで、他行のように太平洋銀行を利用して儲けようとしたことはない。このためさくら銀行が他行に比べ大きな負担をするのは筋違いという意識が強かった。スキームは4行横並びにするべき、と強力に主張した。

しかし4行出資について公正取引委員会から色よい返事が得られない。そのため、出資はさくら銀行のみとした。他の都銀3行には劣後ローンの供与を求めることにしたが、この交渉も難航した。

富士銀行は全国銀行協会（全銀協）会長行を何回も務めた経験があったためか、話をまとめる必要があるとのスタンスで、追加支援はやむなしとしていた。

東海銀行と三和銀行は、追加支援に非常に否定的であった。とくに三和銀行は強硬で、その対応がこの処理の中で最難関であったと思う。

本件は抜本処理であり、それが可能となるよう多額の債権放棄を行うものであった。にもかかわらず、追加的にニューマネーを出せというのはおかしい。新たな支援はのめない。というのが三和銀行の言い分であった。三和は最終局面では、劣後ローンのシェアを他行より低くするよう主張した。

大蔵省は、仮に今回処理がまとまらなかったら、それは4行のせいであり責任は重いと、さくら銀行を中心に攻め立てたが、状況は好転しなかった。

議論の場を役員レベルにあげても、結局は堂々巡り。調整は、処理案発表予定日直前の夜遅くまで続いた。議論を振り出しに戻すという意味で「ちゃぶ台返し」という言葉があるが、本当に会議室のテーブルがひっくり返る驚きの光景にも遭遇した。

当時公表は、金融不安が生じないよう破綻と処理スキームをセットで行っていた。この件は、年度末の3月29日夜の公表を予定していたのだが、結局最終案は固まらず見切り発車せざるをえなかった。

3月29日に発表した共同声明は概略以下の通りであった。

① 経営継続が困難となった太平洋銀行は解散する

② 太平洋銀行の回収不能債権は自己資本の全額取崩しおよび4行負担によって償却するほか、預金保険の援助を要請する

③ 太平洋銀行の受皿となる新銀行は、4行の子会社とするが、法的制約によっては、さくら銀行を代表とすることとなる

④ 新銀行は4行が引き続き支援する

この記者発表日以降も暫くの間、調整が続いた。都銀4行が議論に議論を重ねた結果と言うと聞こえがよいが、最終的には、さくら銀行100％出資の子会社、わかしお銀行を設立し、預金保険・資金援助発動の下、都銀3行による劣後ローン供与等により、何とか太平洋銀行の処理に漕ぎつけた。

太平洋銀行の処理は、筆者の信用機構局最後の仕事となったが、精神的にも肉体的にも、最もハードな案件だった。

第三章　バブル経済の崩壊

†東京協和、安全の二信組破綻

1994年から95年にかけて、破綻事情は変化する。何より個々の事情による破綻から、バブル崩壊というマクロ問題による破綻であることが誰の目にも明らかになってきたことだった。

1994年12月の東京協和信用組合、安全信用組合（本店所在地はどちらも東京都）、95年7月コスモ信用組合（本店所在地東京都）、同年8月木津信用組合（本店所在地大阪府）と、相次いで信用組合が破綻した。この時期の最大の問題は、破綻金融機関を処理する受皿金融機関の引き受け手がいなくなったこと。破綻処理する財源も乏しくなった。受皿金融機関がなければ、預金保険を使った破綻処理はできない。

破綻金融機関を選り好みせずに引き継ぐ専門の受皿金融機関が必要になっていた。それが、二信組の受皿となった東京共同銀行の新設だった。

東京協和信用組合は、同信組の理事長・高橋治則氏が社長を務める不動産投資会社イ・アイ・イ・インターナショナルをはじめ、ゴルフ場、レジャー施設等への融資を急拡大させていた。しかしバブル崩壊の余波により融資は焦げ付いた。資金調達は高利の大口定期に依存していたため、資金繰りが悪化、経営破綻した。

安全信用組合は、鈴木紳介理事長が東京協和信用組合の高橋理事長と親しい間柄にあったことから、高橋氏が関係するグループ向けの大口融資が焦げ付いて経営破綻した。なお、信組破綻とは直接の因果関係はないが、2021年の東京五輪汚職で逮捕・起訴された元電通の五輪組織委員会理事の高橋治之氏（電通元専務）は、治則氏の実兄である。弟の財力でクライアントや大物アスリートを獲得して、電通でのし上がったと噂された。

†受皿専門の銀行、東京共同銀行の設立

東京協和、安全の二信組処理の最大の特徴は、受皿を専門にする銀行を設立することだった。引き受け手がみつからないことが外部に漏れると、疑心暗鬼を生む。経営不振であっても再建の可能性がある金融機関にまで、信用不安が起きるおそれがあった。これは昭和金融恐慌時の昭和銀行というブリッジバンクの例をモデルとしたもので、「平成銀行構想」と呼んでいた。

二信組の経営悪化のテンポは速く、資金繰りが窮していた。そのため、二信組は同時に処理する必要があった。同様に、コスモ信組、木津信組も破綻は不可避となっていた。

以前にも日銀は兵庫銀行処理策として、受皿銀行設立方式を提案した経緯があった。これは大蔵省の反対で実現しなかったが、基本スキームに対する両者の共通理解はできあが

っていた。大蔵省と日銀は、秘密裡に処理スキームを策定した。

1995年1月、二信組を処理するための受皿銀行、東京共同銀行が設立された。資本金は400億円、当初はフルラインの銀行業務を想定した。日本銀行が200億円を出資、民間金融機関がもう半分出資した。同年3月、二信組は東京共同銀行に事業譲渡した。

この件以降、破綻処理における合併はごく一部を除きなくなった。

事業譲渡の際、預金保険機構は同行に対し400億円の金銭贈与を実施。また不良債権667億円を東京都信用組合協会（都信協）に移管した。東京都、全信組連、都信協、民間金融機関による外部支援額は859億円であった。

二信組の受皿銀行方式による処理はよく考えられた新スキームであったと自負しているのだが、公表すると各方面からの批判の渦が巻き起こった。正直、ここまで批判を受けるとは思ってもいなかった。

†二信組の破綻処理不信の深淵

反省をまじえながら、問題点を整理したい。

第1に、金融界との対話不足があった。当初、民間出資は都銀など一部に限定していたが、対象を限定するのは理由付けが難しい。株主代表訴訟のリスクもある。そこで、オールジャパン方式に切り替えた、つまり日本の全金融機関による出資であれば、「みんなで金融システムを守る」とわかりやすい説明ができると思ったのだが、事前に全金融機関に十分な説明を行うことは難しく、金融界から説明不足との批判を受けた。

第2に、東京都との関係である。二信組の監督官庁は東京都であったが、機密保持のため都には事前にスキームの説明を十分行っていなかった。にもかかわらず、都に対しては多額の支援を求めた。折しも都知事選があり、二信組への支援反対を公約に、青島幸男東京都知事が誕生した。しかし東京都は、コスモ信組破綻で金融システムが揺らいでいることに気づき、結局8月、青島知事もペイオフ回避を選択、都としてコスモ信組処理の財政支援を決断した。

第3に、政治問題である。東京協和信組の高橋理事長は、政・官・財の顔役であり、政界では新進党との関係が深かった。東京協和と安全二信組処理は「救済」であり、なにがしか政治的な動きが絡んでいるとの疑心暗鬼が生じた。国会では、山口敏夫元労働大臣、中西啓介元防衛庁長官が証人喚問され、山口元大臣は背任罪、偽証罪等で逮捕、起訴され、懲役3年6か月の実刑判決を受けた。

第4に、大蔵省スキャンダルである。二信組破綻を契機に、高橋理事長と大蔵官僚の交遊関係が明らかになった。以下は95年3月9日衆議院予算委員会の高橋治則氏に対する証人喚問の模様である（国会議事録検索システムより抜粋）。質問者は共産党の正森成二議員である。

（正森議員）広く読まれている週刊誌によると、その内の一人とあなたは平成4年にあなたの自家用飛行機で香港まで遊びに行ったということも報道されていますが、その人物について記憶はありませんか。田谷（田谷廣明　主計局総務課長の後、94年東京税関長）という名前です。

（高橋証人）はい、ご一緒したこと、ございます。

東京協和信組の高橋氏と大蔵官僚が私的に交遊していたというスキャンダルによって、大蔵省は信用を大きく失墜し、新スキーム自体が何か裏のある、不公正なものとの印象を国民に植え付けた。

†国民との対話が重要

第5に、国民との対話の不足である。寄せられた批判は、①二信組はペイオフ（預金カット）すべきである、②乱脈経営を行った先を救済すべきでない、③スキームが大仕掛けでわかりづらい、という3つだった。

まず、①のペイオフについて、どう考えるか。不良債権問題は、当時非常に深刻な状態にあった。二信組破綻の後、コスモ信組、木津信組、兵庫銀行と大型の破綻処理が控えていた。こうした状況の下でペイオフを実施し、預金が毀損するとなると国民は預金を引き出しにかかる。取付けだ。

取付けにより、貸し渋り、貸し剝がしといった信用収縮が発生すると、国民生活に重大な支障が及ぶ可能性が高い。またペイオフにより、破綻金融機関の貸出は回収されるため連鎖倒産など債務者の破綻は増加し、景気にマイナスの影響が及ぶ。このようにペイオフの実施は適当ではなかった。

乱脈経営を行った先を救済すべきでないという②の見方があったが、二信組処理は救済ではない。二信組の経営者は辞任している。そして、二信組は事業譲渡により清算され、法人も消滅する。自己資本はロス埋めのために取崩され、出資金はゼロとなる。つまり出資者も責任をとっている。

そして、③の新銀行方式というスキームが大仕掛けでわかりづらいとの指摘である。破綻予備軍の金融機関は増加し、破綻の規模も拡大している。そのため受皿となる引き受け手がいなくなった。これは従来型の単純な処理方式では対処できなくなったことを意味している。こうした中で、預金を保護し、金融システムの安定維持を図るには、相応の資本基盤を備えた受皿銀行を設立し、破綻した金融機関の資産、預金を受皿銀行が譲り受けることが適当だった。とは言え、国民からすれば、あまりに唐突で複雑なスキームが登場したので、違和感と疑問を抱かざるを得なかったのだろう。

当局の説明責任（accountability）が非常に重要であった。透明なルールと運用、適切な情報公開は民主主義の根幹をなすもの。それが二信組処理ではうまくいかなかった。

†コスモ信用組合の破綻

二信組に続いて、コスモ信組が1995年7月、破綻した。当時、エスエス製薬会長だった泰道三八理事長のワンマン経営の下、高利を謳う「マンモス定期」で預金を集める一方、不動産融資に傾注。預金残高は、ピーク時4300億円まで急拡大した。しかしバブル崩壊に加え、大口融資規制違反から、多額の不良債権が発生した。また二信組問題の表面化で預金が流出、資金繰りが滞り破綻した。

コスモ信組は1996年3月、二信組の受皿銀行として設立された東京共同銀行に事業譲渡され、不良債権を社団法人東京都信用組合協会に1239億円で売却。その際、預金保険機構は1250億円の金銭贈与をした。

さらに、1445億円の外部支援が行われた。具体的には、24の金融機関が債権放棄625億円を実施、東京共同銀行への支援は600億円、東京都、東京都信用組合協会による債権回収機関向け支援220億円という内訳であった。しかし、預金保険、東京都、関係先等の外部支援だけではコスモ信組のロスが埋まらず、預金の全額保護ができない状況だった。そのため日本銀行は受皿の東京共同銀行に対し、「5年間の累計で200億円程度の収益支援効果を想定した貸付」(収益支援貸付)を実施した。

泰道リビング株式会社やエスエス製薬といった泰道グループの資産提供もあり、預金は全額保護された。なお預金払い戻しをするため、日本銀行は別途、特融を実施した。信組の監督機関であった東京都は、1995年5月コスモ信組の検査を行い、実質大幅債務超過であることをつかみ、同年7月に初の業務停止命令を出した。東京都は二信組の時とは様変わりの動きをみせた。

✝木津信用組合の破綻

1994年8月、不気味な話が飛び込んできた。米国ロサンゼルスで、大阪の木津信用組合が保証している偽造債券5億ドルが出回っているとの情報だ。結局、事の真偽は明らかにならなかったが95年の同信組の破綻を予兆するような不吉な出来事であった。

木津信用組合は、鍵弥実理事長のワンマン経営の下、預貸併進で規模拡大に取組み、ピーク時には預金残高が1兆円を上回る規模にまで拡大した。貸出は不動産関連が中心で、大口融資規制を逃れるためノンバンクを次々につくり、そこに貸し込んだ。しかし、バブル崩壊により、不良債権が急増した。

預金については、三和銀行が3170億円、東海銀行が375億円、日本長期信用銀行が850億円というように大手銀行の紹介預金を高利で集めていたが、1991年大蔵省の指導を受け、預金は引きあげられた。

これは資金繰りに相当なダメージであった。決定打は1995年7月のコスモ信組の破綻であった。東京都は同信組の大口預金者に対して、預金金利の引き下げを要請したのである。これを知った木津信組の預金者は浮足立ち、預金の解約に走った。この時期、住専から多額の借入金があり、国会から参考人招致も受けた末野興産が386億円の預金を引き出したことが破綻の直接的原因と言われている。

1995年8月、大阪府(知事は横山ノック氏)は木津信組に対して業務停止命令を出し、木津信組は破綻した。そして97年2月、木津信組は整理回収銀行(前身は東京共同銀行、その後整理回収機構)に事業譲渡された。整理回収銀行は預金保険機構から1兆0044億円の金銭贈与を受けた。

木津信組の破綻でも、金融システム維持、すなわち預金取付け回避のため預金の全額保護の方針を打ち出さざるをえなかった。損失はあまりに巨額だったため、関係していた三和銀行が122億円の低利融資をしたが、とうてい穴埋めには足りなかった。破綻から1年近く後、96年6月の預金保険法改正により制度化された特別資金援助方式（ペイオフコストを上回って預金保険が援助できる）が使えるようになるのを待たなければならなかった。

†兵庫銀行の破綻処理――大蔵省と日銀の意見対立

木津信用組合と同日に破綻処理したのが兵庫銀行である。1993年に関連ノンバンクの金利減免を決め、元大蔵省銀行局長も送り込まれたが問題先送りにすぎなかった。93年時に関連ノンバンクの法的処理を求めた日銀の見通しの方が正しかったことが証明された。

1970年、兵庫銀行の前身・兵庫相互銀行社長に就任した長谷川寛雄氏によるワンマン経営の下で規模拡大を図った。しかし、92年6月、バブル崩壊によって関連ノンバンクの経営悪化が表面化し、長谷川氏は会長を引責辞任した。

1993年6月、兵庫銀行社長（後に頭取に名称変更）に、吉田正輝元大蔵省銀行局長が就任、同行の再建にあたった。しかし、関連ノンバンクの業況は改善せず、追加的な対応を迫られていた。吉田社長は過去に日銀の理事も務めていたため、大蔵省、日銀双方から情報を得ていた。吉田氏は「日銀からは大変だという話ばかり。大蔵省からは心配ないの一点張り。どちらが正しいのか」と悩んでいた。

1993年当時の大蔵省と日本銀行の対応案は割れていた。日銀案は、関連ノンバンクを清算し、受皿銀行を設立して兵庫銀行も破綻処理する方式だったが、大蔵省の意見は関連ノンバンクへの金利減免策であった。しかし、大蔵省が推す策だと、ノンバンクのロス拡大のリスクを切り離せないので問題先送りであると主張した。これに対し大蔵省は、地価は先行き下がり続けることはありえない。いつかは持ち直す。そうなると、景気も良くなり、いずれノンバンクの経営も立ち直るのではないか。それに今、受皿銀行の設立を持ち出すと、世間はびっくりするのではないかと言う。

結局、大蔵省の金利減免策が採用されたが、日銀の受皿銀行設立方式は「有事の際に発動できるよう、双方の金庫にしまっておく」ことになった。結果として、先の二信組破綻処理では、この経験が生かされたのだった。

1993年10月、兵庫銀行問題の対応はノンバンクの金利減免で決着し、第1幕は終演した。閉幕にあたって筆者が感じたのは、今回大蔵省は、はなから兵庫銀行問題を日銀と議論する気がなかったのではないかということであった。

ほぼ同時期、大蔵省直轄の類似案件が金利減免スキームとして並走していたからである。

1992年9月に日本債券信用銀行関連ノンバンク、93年2月に住宅金融専門会社最大手の日本住宅金融で、それぞれ金利減免がまとまった。いずれも、大蔵省主導で調整が行われていた。このような中で、兵庫銀行のノンバンクを清算するという選択肢は大蔵省としてはとりえなかったとも考えられる。

†大震災直後の神戸出張

1995年1月17日、阪神・淡路大震災が発生、その1週間後の24日、神戸に向かった。日銀入行同期、営業局の橋本要調査役との神戸出張で、橋本氏は金融機関の資金繰りモニタリングを担当していた。兵庫県生まれの兵庫県育ち、バリバリの兵庫弁のネイティブだった。出張の目的は、「とにかく行ってこい」だけだった。「金融機関に迷惑をかけるな、邪魔をするな、物見遊山はやめよ」は当然ながら、送り出された筆者は内心、「兵庫銀行の葬儀への道を探る」つもりだった。関西空港から船で神戸に入った。新幹線は復旧しておらず、道路は大渋滞だった。ヘルメットをかぶり、鉄の入った安全靴を履き、完全防備で神戸入りした。港は飴細工のように変形し、ところどころに水たまりができていた。震災による液状化現象を初めて見た。

営業区域外の京都MKタクシーは被災地神戸で無料の送迎サービスを提供していた。反社会的勢力が被災地で早朝からおにぎりを配っていた。ヘリコプターをチャーターして人、物を輸送した銀行もあったという。

市街地に入ると、その想像を絶する惨状に言葉を失った。傾いたビルが隣のビルに寄り掛かってやっとバランスを保っている。影響は軽微かと思えたビルもそうではなく、10階建てビルの5階あたりがフロアごと潰れて見えなくなっていた。今にも倒れんばかりに傾いた高速道路から、自動車が宙吊りになっていた。

金融機関をいくつか訪ねてみたが、最も震災の影響が大きそうだったのが、兵庫銀行だった。本店ビルは倒壊していた。神戸のライフラインはすべてストップしていたが、日銀神戸支店は自家発電設備があり、電気は使えた。日本銀行神戸支店のトイレは使用禁止。中庭に設置された簡易トイレには、汚物がたまり、汚れきっている。たびたび大きな余震があり、生きた心地がしなかった。

橋本氏と出張記録を作った後は、支店職員たちと同じ大会議室で雑魚寝した。支店長はかなり疲れていたが、色々話をしてくれた。地震発生の前日、支店長は東京で結婚式に出席したそうなのだが、その日のうちに神戸に戻ったことが、不幸中の幸いだった。

翌朝の震災発生後に出勤してまず職員の安否確認を行ったのは当然なのだが、日銀の金庫を開けるという大事な仕事がある。日銀金庫の開閉には電気が必要なため、急いで自家発電を立ち上げなければならない。

金融機関からは被害状況の報告が入ってくる。そうした被害状況を踏まえ、大蔵省近畿財務局神戸財務所長と日本銀行神戸支店長との連名で金融特別措置、具体的には通帳、印鑑がなくても預金を引き出せるようにし、支払期日が経過した手形についても取り立てできるようにする等の措置をとった。日銀神戸支店を市中金融機関に解放し、業務を日銀支店で継続してもらったり、焼け焦げたお札の引換えを行ったり、といった施策を実施していた。

帰路は神戸から西宮北口までの徒歩だった。この行軍で大いに役立ったのが地元に精通した橋本氏と、愛用のカメラ・ニコンＡＦ８０１であった。途中に倒壊した金融機関店舗があると中に入り、橋本氏が兵庫弁で気軽に話し掛けて困りごとを聞き取り、筆者は先方の了解をとって写真を撮った。

出張から戻った翌朝、日銀役員集会「円卓《マルタク》」に出席した我々２人は、写真を提示しながら出張報告を行った。神戸出身の松下康雄日銀総裁の真剣な眼差しが印象的だった。マルタクで「兵庫銀行はもうアウトです」とは言えなかったが、写真と被害状況の説明で、この大災害が決定打になることは、ほとんどの人たちはわかったように思われた。

†みどり銀行の設立

間もなく、兵庫銀行の処理スキームづくりが突貫工事で始まった。考査局に預金保険の資金援助額をはじくため実質債務超過額の算定を依頼すると同時に、営業権の基礎データとして基礎業務純益を試算してもらった。

大蔵省はこれまで、預金保険・資金援助の前提となる実質債務超過額について、必ず大蔵省検査を行い、その結果を使っていたが、今回は初めて日本銀行の数字を使った。実質債務超過は、破綻認定、資金援助額、ペイオフコスト等に利用される預金保険・資金援助発動上、非常に重要な計数であった。

震災からわずか約7か月、受皿銀行の設立、出資（劣後ローン含む）、ノンバンクの法的処理等の詰めを行い、処理案を公表した。時間優先の対応が功を奏した。金庫にしまってあった日銀の「受皿銀行設立方式」の案は、2年弱を経て復活した。今回はマスコミ報道をはじめ好意的な見方が多く、「がんばろう神戸」が追い風となった形だった。

日銀の仕事は大きく分けて、金融政策と金融システム維持がある。後者は、最後の出し手（Lender of Last Resort）としての流動性の供給のこと。具体的には無担保・無制限で行われる特別融資「特融」と、「公的出資」がある。

日本銀行による公的出資には、1995年1月の東京共同銀行への出資、97年7月の日本債券信用銀行の増資引受、そして兵庫銀行の受皿として設立した「みどり銀行」への劣後ローンがある。これらは出資という性格から無担保であり、大蔵大臣の認可が必要である。

このうち、みどり銀行への劣後ローン1100億は金額が大きく、本来なら税金投入により行う政府の仕事である。しかし、税金投入を行うには根拠法の制定と、予算の手当が必要であり、これらはいずれも国会の議決を経なければならない。

それでは間に合わない。そこで、日本銀行は金融システムを守るため、自らが出資を行うといった思いきった行動をとったのであった。

†兵庫銀行破綻物語の終幕

兵庫銀行はノンバンクの金利減免で再建を図ろうとしたが、再建は難航し、大蔵省銀行局長経験者である吉田正輝社長も最早これまでと、大蔵省関係者を中心に速やかに同行の破綻処理を行うよう説得工作を行った。1995年1月阪神・淡路大震災が発生し、同年8月、銀行として戦後初の破綻となった。

破綻処理のスキームは金庫に保管されていた幻の「平成銀行構想」であり、6つのポイントがあった。

① 受皿銀行（みどり銀行）を設立する

② 兵庫銀行を事業譲渡する

③ その際預金保険機構の資金援助４７３０億円を発動する

④ 系列ノンバンク20社はすべて法的整理を行う

出資は関西財界を中心に募り、７０９億円が集まった（１９９５年10月27日みどり銀行設立）。震災復興を前面に出した、大蔵省の演出効果である。このようにして96年1月29日、みどり銀行は開業した。

問題は、銀行には預金の全額保護のための税金投入が制度化されていなかったことである。預金保険の資金援助だけではペイオフコストの縛りがあり、兵庫銀行のロス（債務超過）が埋めきれない。そこで、預金保険で埋めきれなかったロスは将来の基礎収益で埋めていくしかなかった。

⑤ セカンドベストの選択として、日銀が劣後ローン（１１００億円）というかたちで資本を補完する

⑥ 将来の利益相当額の営業権１８００億円を立て、毎期の収益で償却する。仮に不良債権の増加等から収益が下振れしても債務超過にならないよう劣後ローンを供与する

以上の6つが、大枠の考え方であった。

新銀行を設立するためには、商法246条「事後設立」により、裁判所が選任する検査役（弁護士、公認会計士）の調査を受けなければならない。この事後設立とは、会社成立後2年以内で、その財産が資本の20分の1以上に当たる対価で取得する契約を行う場合、株主総会の決議と検査役の調査が必要だという決まりである。もっとも、2005年に成立した会社法では、コストがかかりすぎるとの理由で、検査役調査は廃止され、株主総会の特別決議があればよいことになった。

営業権を立て、これを毎期償却するというやり方は将来の利益を先食いしているかたちであり、この点をギリギリ詰められても大丈夫かと心配したが、実際は、検査役の調査はスムーズに進み、安堵した。

これで物語は終幕を迎えたと思いきや、震災の影響は予想を超えて大きく、みどり銀行の不良債権は上振れ、収益力は下振れ、一方で不良債権処理にかかる財源不足の問題があった。企業倒産も大幅に増加した。通常であれば回収を図れる債権も、震災の影響で不良債権化しているケースも多い。そのような債権を一方的に回収するわけにはいかない。さりとて、これを支えていく余力はない。

1999年4月にみどり銀行は破綻、阪神銀行に吸収合併された。

†住専の不動産融資で不良債権の山

バブル崩壊時、住宅金融の専門会社（住専）問題は、日本の金融システムにとって最大の問題と位置づけられていた。利害関係者が多く、規模も大きかった。また、過去から色々な問題を引きずっており、社長は大蔵省ＯＢが就くケースが多かった。大蔵省は金利減免策で問題先送りをしていたが、税金の投入もあって抜本処理を行った。まず、経緯からみていこう。

１９７０年代の高度成長期、住宅需要の高まりから、住宅借入需要が増えた。しかし、都銀を中心とする銀行は、資金的に法人の需要に応えるので手一杯であり、小口で手間のかかる住宅ローンまで手が回らなかった。こうした中、大蔵省主導で、金融機関が共同で住専8社を設立。住専は旧出資法の登録を行っており、大蔵省の監督下にあった。

オイルショック後の低成長期に、金融機関が住宅ローンに乗り出したこと、政府系金融機関である住宅金融公庫の低利、長期、固定金利に苦戦を強いられたことなどから、住専各社は、事業所向けの不動産事業に力を入れるようになる。１９８０年代の好景気を背景に、住専の貸出総額は急増した。

バブル期になると、不動産価格の急騰から、１９９０年3月、大蔵省は銀行局長通達

図表3-1　住専一覧

住専名	出資先
日本住宅金融	三和、東洋・三井信託、横浜、千葉
住宅ローンサービス	第一勧銀、富士、三菱、住友、さくら、東海、あさひ
日本ハウジングローン	興銀、日債銀 大和・日興・山一證券
第一住宅金融	長銀、野村證券
住総	信託銀行
地銀生保住宅ローン	生保、第一地銀
総合住宅ローン	第二地銀
協同住宅ローン	農林系統（農林中金、都道府県信農連、農協）

「土地関連融資の抑制について」を発出。その内容は、

① 不動産業向け融資の伸び率を、総貸出の伸び率以下に抑える（総量規制）

② 不動産業、建設業、ノンバンク（住専を含む）に対して融資の報告を求める（3業種規制）

というものであった。この規制は1991年12月に解除されたが劇薬であった。住専は不動産向け融資総量規制の対象外だったのだ。また、農林系統（農林中金、信農連、農協）は3業種規制の対象外であった。このため規制の中にあっても、融資は増加を続けた。

1992年秋に、三和銀行が大蔵省に日本住宅金融の処理に関する説明を行うといった動きがみられたが、大蔵省は抜本策をとらず、金融支援・再建策をとった。翌年2月、住専への金利減免に際して、大蔵省の銀行局長と農水省の経済局長間で覚書が結ばれた。大蔵省と農水省は住専問題を巡り、持ちつ持たれつの関係があった。

この関係を明文化したのが覚書であった。

「住宅金融専門会社に対する農林系統の金利減免が、その体力からみて非常に厳しいものであることを踏まえ、日本銀行においては農林中央金庫に対して必要な資金の融通が行われるよう調整するものとすること（この融通は通常の日銀貸出であり、事前に固定して行われるものではない。また、本項については対外的に明らかにしないものとする）」

こう明記された覚書について日本銀行はまったく関知していなかったが、勝手なことを平然とやってのける大蔵省の行動に、驚くやら、呆れるやらであった。

農林系統としては、再建が頓挫すると大量の不良債権が発生し、経営問題に火がつくのは必至である。そこで農水省は覚書で「住専の再建計画は大蔵省が母体行を、責任をもって指導する」とした。一方、大蔵省は農林系統が住専向け貸出を回収すれば、住専はサドンデス（即時倒産）になるため、農林系統の残高維持は住専再建にとって是非とも必要と考えていた。

住専問題、3つの論点

1995年になると、大蔵省は住専処理の行動を起こした。東京協和、安全二信組問題の国会論議が終幕に近づくと、国会やメディアの関心が住専問題に集まった。当時の大蔵省銀行局長の西村吉正氏の著書には、次のようにある。

「不良債権問題の象徴として内外から注目を集めていた住専問題を解決することが金融システムの信頼性を取り戻すためには不可欠」（西村『日本の金融制度改革』）との認識の下、「まさに象徴的に解決する必要に迫られていると考えた」（西村『金融行政の敗因』）。

処理策の最大のポイントは、住専問題への公的資金投入であった。西村氏は、比較的早い段階で、住専問題への公的資金投入による処理を決断していた。

1994年6月に銀行局長に就任した西村氏は、早くもその1年後、95年6月に「金融システムの機能回復について」を公表した。そこには「公的資金投入が示唆されている」（西村『金融システム改革50年の軌跡』）。西村氏の住専問題解決に向けての意気込みを感じさせるものであった。

1996年6月、住専処理法（「特定住宅金融専門会社の債権債務の処理の促進等に関する特別措置法」）が成立、7月、住管機構（住宅金融債権管理機構。住専7社〈農林系住専の協同住宅ローンは経営内容がよく、そのまま存続〉から譲り受けた債権の管理、回収・処分等を行う機構、預金保険機構が全額出資）が設立された。

住専問題の論点は以下の3点であった。
① 損失分担での母体行主義とプロラタ方式

② 公的資金の投入
③ 住専処理の仕方

この①について、非母体行つまりたんなる貸し手行（とくに農林系統）は、「住専の経営責任は母体行にある。問題債権化した案件は、母体行による紹介案件が多かった」として、「母体行はロスを全額負担すべき」との母体行責任論を主張した。

一方、母体行は与信額以上の負担をしろ、ということになると母体行は株主代表訴訟を受けるリスクが生じる。そもそも貸し手には一定の責任がある、として貸し手行責任論を主張。具体的には、ロスは住専向け貸出残高に比例して按分する、いわゆる「プロラタ方式」を主張した。実際、両者の中間である修正母体行主義（母体行は与信額を全額放棄、非母体行は貸出残高に応じてプロラタでロス負担する方式）で話が進んでいっているようにみえた。その方式で損失分担を計算すると、住専7社の損失合計額は6兆4100億円だから、母体行が3兆5000億円、農林系統が1000億円、一般行は1兆2000億円となる。

この点について西村氏によると「農林系統の負担額は、一般行の負担を1兆7000億円に増やし、何とか1兆2000億円に減らす工夫をした」という。しかし、農林系統からは「5300億円以上は一文も出せない」。さらに、「農林系統のために税金をつぎ込むとの趣旨ならば拒否する、との最後通告があった」。住専の不良債権処理は「先延ばしはできないので、農林対策以外の説明、すなわち金融システムの安定で不足分を税金で穴埋めするしかなかった」（西村『金融行政の敗因』）のである。

†公的資金投入への反感

図表3－2　住専のロス分担

	ロス分担	ロス分担率	融資比率
母体行	3兆5000億円	54.6%	28.2%
一般行	1兆7000億円	26.5%	29.6%
農林系統	5300億円	8.3%	42.2%
公的資金＊	6800億円	10.6%	—
合計	6兆4100億円	100.0%	100.0%

＊公的資金はこのほか預金保険機構に対する出資が50億円あり、合計6850億円となる。
出所）大蔵省

②の公的資金投入について、農林系統が５３００億円以上は一文も出せないとの強い姿勢である以上、農林系統の穴は公的資金で埋めるしか打つ手はなかった。そこで試算すると、大蔵省が期待していた農林系統のロス負担額１兆２１００億円から、農林系が主張する負担の限度５３００億円を引くと、６８００億円であった。農林系がこれ以上は出せないとなれば、その穴を埋めるために投入を余儀なくされるのは、公的資金である。これは、公的資金による農林系統の肩代わりにほかならない。

さらに問題なのは、農林系統が主張する負担の限度５３００億円の根拠が不明だったことである。この点について、所管大臣は次のように答弁した（『日本経済新聞１９９５年12月29日社説「ぬぐい切れぬ住専処理の不透明さ」』）。

「農林系金融機関の損失負担はなぜ5300億円が「ギリギリ」なのか」との質問に対する農相回答は、「1993年の住専再建計画に基づいて農林系が予定していた10年間の金利減免支援額8550億円から、これまで3年間の支援額3250億円を引いたもの」であった。

しかし、1993年の再建計画は過去のものであり、金利水準が大幅に変更されていることから、再建計画策定当時の計数をそのまま使うのは乱暴と思われる。すなわち、1993年2月に、農林系統の住専向け貸出金利は4・5%に減免された。この時の一般行の住専向け貸出金利は2・5%で、農林系統はかなり優遇されていた。農林系統の住専向け貸出金利は長期固定金利であった。一方、農林系統の資金調達金利は短期変動金利である。

当時は金利低下局面にあったが、長期金利は貸出の期日が到来しない限り、金利は下がらないし、期日はなかなか到来しない。こうした中、政策金利低下に伴い、短期金利は急ピッチで低下していた。公定歩合は93年2月に2・5%となった後、約8年後の2001年1月には0・5%まで低下。期間中2・0%調達コストが低下したかたちである。

このような金利情勢の下、農林系から住専向け融資の採算は、全体を増益方向に押し上げていたと考えられる。

なお、当初計画では、1997年の15年後に住専問題の最終処理を行うこととしていたが、予定より1年早く2011年に最終処理を行った。その結果、二次ロスは、1兆4017億円にのぼった。2次ロスの負担は民間と政府が折半することになっていたが、住専勘定の回収益、各種運用益等から追加的財政支出も民間拠出も、ともになかった。

住専問題の論点③の、住専の処理の仕方について、住専7社はすべて清算する。7社の持つ貸付債権は、預金保険機構が全額出資して、新たに設立する住管機構に移管し、同機構は当該債権の管理、回収を行う。住管機構は十分な調査や必要な民事手続きを迅速に行う。また、預金保険機構内に住専勘定を設定し、預金保険機構を通じて、住管機構の財務を管理する。

住専については、透明性、公平性の観点から、法的整理で臨むべきとの声は根強かった。ただ、こうした批判はスキームに対する疑念というより、唐突な公的資金投入に対する反発が背景にあったとみるべきだ。法的整理であれば、密室で公的資金投入は決められないという面が強いように思われる。

†公的資金投入はなぜ唐突な印象になったか

以下、住専問題の処理策に対する筆者の感想を述べたい。

過去の銀行局長は、金利減免により問題の先送りを行ってきた。しかし、西村氏は違っていた。前記のとおり、大蔵省が1995年6月に公表した「金融システムの機能回復について」で、西村氏は公的資金を投入してでも住専処理を行う旨示唆している。

一方で西村氏の頭の中では、修正母体行主義をベースとして、農林系統のロス負担額を抑え込めば、一次ロスにかかわる公的資金投入は不要となり、公的資金は2次ロス処理に使う（実際は未使用であった）ところまでシミュレーションが進んでいたとみられる。

しかし、農林系統が西村氏の行く手を阻んだ。農林系統は大蔵省に、前述のとおり5300億円以上は一文も出せない、農林系統のために税金をつぎ込むとの趣旨ならば拒否する、という最後通告をしてきた。

この農林系統の行動で、大問題が発生した。住専処理で、農林系統のため6800億円の公的資金を投入せざるをえなくなったことと、農林系統に関連することなので大蔵省は公的資金の使途、必要性、目的、金額の根拠等を対外説明できないこと。この口止めが痛かった。

住専処理への公的資金投入に対し国民は猛反発した。怒りの矛先は、農林系統ではなく、専ら大蔵省であった。国民は、重要な公的資金問題について、大蔵省が説明から逃げている、大蔵省が真実を隠している、と受け止めた。これを機に、世論は公的資金そのものに反対する姿勢となった。

西村氏は読み間違いを犯していたように筆者は思う。この時期、銀行の経営悪化が予想外のスピードで進行していた。銀行への公的資金投入はタブーとされ、打つ手もないまま、97年の金融危機を招いた。西村氏は相当な覚悟をもって住専処理に臨んだ。しかし、その思い入れがゆえに、大手銀行問題の認識、対応が遅れたのではあるまいか。

そもそも、住専問題は不良債権問題のひとつであった。西村氏は、前記のように農林側から「最後通告」があったと述べているが、最終局面での西村氏の交渉の出番はなく、農林筋は、大蔵省の官房・主計筋と調整し、公的資金についてまとめたと言われている。

†住専国会の紛糾

1996年1月22日から6月19日に開かれた第136回通常国会では、公的資金投入をはじめとする住専処理について審議が行われ、「住専国会」と呼ばれた。

国会審議の最大の論点は、公的資金の投入であった。野党新進党の野田毅議員は、公的資金6850億円について、「費用分担の論理はどこにもなく」、「談合で決められた」と批判した。また野田議員は、「農林系金融機関の救済ではないか」と質問をし、これに対し村山富市氏（前首相）は、「負担能力からみて農林系が混乱しては困る」という認識を示す一方、橋本龍太郎首相が、「農林系救済ではない」と明言、両者の食い違いが浮き彫りになった。(96年1月31日「日本経済新聞」社説「住専国会、政府は論戦に応じよ」)。

国会紛糾のきっかけは、1995年の阪神・淡路大震災の際、被災者への税金による補償が、個人資産の補塡であり法律上問題があるとの政府答弁(井出正一厚生大臣、1995年2月1日、衆議院予算委員会)にあった。震災被災者への補償についての政府答弁と、住専処理に税金を投入する論理には矛盾があるとして、野党が反発したことによる。

各種世論調査も8割から9割の国民が公的資金投入に反対しているとして、政府の予算案強行採決の動きに反発し、新進党は3月4日から国会内にピケをはり、予算委員会が19日間審議がストップしたのだった。住専国会では公的資金6850億円の投入を盛り込んだ住専処理法が国会閉幕前日の6月18日に可決・成立した。その後西村氏は1996年7月26日に退官した。

第四章

金融危機

†三洋証券のデフォルト

1997年11月、三洋証券がコール市場（銀行が短期資金の融通をしあう市場）でデフォルト（債務不履行）した。これが銀行間の取引を一気に冷え込ませ、北海道拓殖銀行破綻、山一證券破綻へと連鎖する。証券会社として戦後初の倒産となった三洋証券破綻の経緯を見ていこう。

三洋証券は証券大手4社に次ぐ準大手証券の一角を占める証券会社で、関連ノンバンク（三洋ファイナンス）の不良債権問題などから業績不振となった。1997年9月、頼みの国際証券との合併破談を受け、資金繰りが急速に悪化、経営危機に陥った。

この時、証券会社を監督する大蔵省証券局（現在の金融庁監督局）が選んだのは、会社更生法の適用だった。会社更生法による法的整理は透明性が高く、再建のイメージを強く打ち出せる。

同年10月31日夜には3連休明けの11月4日の三洋の資金繰りがもたないことが判明した。大蔵省は連休を利用して準備を進め、三洋証券は11月3日（文化の日）に臨時取締役会を開催して会社更生法適用申請を決議し、東京地裁に申請した。東京地裁は債権保全命令を出し、大蔵省は三洋証券に対し業務停止命令を発出した。

ところが三洋証券は、連休前の10月31日に、コール市場で無担保のオーバーナイトもの（今日借りた資金を翌日返すという取引、ただし営業日ベース）を10億円借り入れていた。貸し出したのは群馬中央信用金庫だった。宮崎県の都城農業協同組合との間でも、83億円の債券貸借取引を実施していた。三洋証券が都城農協から無担保で国債を借りたのだ。

コール市場は市場参加者が金融機関に限定されるインターバンク市場で、債券貸借市場は市場参加者に制限がないオープン市場だった。債券貸借市場は、証券、現金といった証券会社が投資家から預かっている資産を保護する寄託証券補償基金制度の対象だったが、コール市場の取引は保護されておらず、コール市場での貸出は三洋証券の破綻でデフォルトとなった。

†寄託証券補償基金から投資者保護基金へ

寄託証券補償基金制度は当時、どのように運営されていたのか。証券会社は自己資金と顧客からの預かり資産を分けて管理する。しかし、経営危機時には分別管理がきちんとされていないことがしばしば起こる。顧客の金銭や有価証券を返還することができない場合は、寄託証券補償基金が肩代わりしていた。

寄託証券補償基金は1968年に設立された。日本の金融危機時の1998年に投資者保護基金に改組され、分別管理義務が明文化された。保護対象は金融機関や機関投資家、国・地方公共団体を除いた一般投資家で、補償の上限は1人当たり1000万円となっている。なお、会社更生法を適用すると債権者平等原則の下、破綻に伴う損失の穴埋めのために実施する債権カットは本来、投資家の預かり資産等にも及ぶ。それは投資家を保護する寄託証券補償基金制度の趣旨に反する。そこで、三洋証券のケースでは裁判所の了解の下、寄託証券補償基金に投資家の預かり資産相当額を肩代わりさせ、保全命令の対象から外してもらった。

寄託証券補償基金が発動され、投資家が保護された。東京三菱銀行など三洋証券のメインバンクが資金繰りを見ることになり、日銀の特融実施は見送られた。三洋証券の破綻時に発動された基金の保護金額は287億7000万円であった。当時の上限は1社あたり20億円であったが、三洋証券のケースでは上限を取り払う特例措置が講じられた。

†コール市場でのデフォルト

三洋証券の資金繰りは、大蔵省証券局と日本銀行営業局証券課が対応していた。日銀では、営業局から金融システム問題全般に責任のある信用機構局にデフォルトを連絡していた。しかし信用機構局は北海道拓殖銀行の対応で忙殺され、三洋証券問題について日銀内で真剣に議論が行われた形跡はない。

一方、大蔵省では証券局から銀行局に連絡は行われていなかった。コール市場は、金融機関の間で日々の資金の貸借等を行う市場で、ほとんどが無担保、翌日返済型のいわゆるオーバーナイトものである。このマーケットは信用がベースで、デフォルトは発生しないことが前提となっていた。

証券会社は当初は、資金の放出はできても取り入れは大手4社に限定されていた。その後、準大手にも取り入れが認められた。保険会社は放出できるが取り入れは不可。一般法人、個人はコール市場に参画できない。米国でも類似のＦＦ（フェデラル・ファンド）マーケットが存在するが、市場参加者は預金取扱い金融機関に限定されている。

デフォルト当日の11月4日、市場は落ち着いていた。大蔵省証券局、日銀営業局は、デフォルトの金額が10億円と小さく、そもそも96年から始まった金融ビッグバンは自己責任原則が大前提とあまり問題視していなかった。

しかし、時間の経過とともにコール市場で出し手側が資金を出さなくなっていった。三洋証券のデフォルト後も、農協系統の中央金融機関、農林中央金庫や、生命保険、投資信託など大手の貸し手は、信用力のある先に対してはコール市場での放出を続けていたが、格付け・株価等が低く市場の評価が低い、いわゆるバッドネームへの放出は急速に細っていった。

当時、経営悪化がうわさされるバッドネームのひとつだった北海道拓殖銀行（拓銀）はついに資金繰りがつかなくなり、11月17日に破綻した。週明けの17日以降もコール市場は部分的には機能していたが、続けて山一證券が破綻した後の週明け25日（火曜日）にになると、朝から優良大手行でも借入ができなくなり、コール市場の機能は停止した。借り入れに依存していた銀行は、大手銀行も含め完全なパニック状態だった。

日銀は大規模な資金供給オペを実施し、マーケットは表面上は落ち着きを取り戻していった。

†拓銀の転落

拓銀は1900年、北海道拓殖銀行法に基づく特殊銀行として設立された。1950年、拓銀法廃止で普通銀行に転換し、55年に都銀となった。

拓銀の最期は悲惨であった。不良債権問題で体力が疲弊する中、北海道銀行との9月12日の合併破談で預金が流出し、資金繰りは崖っぷちとなった。11月4日の三洋証券の破綻をきっかけとしたコール市場での資金調達難から、資金繰りは明日をも知れぬ状態となり、三洋証券破綻後、わずか2週間で力尽き、11月17日に破綻した。

拓銀が経営悪化した原因は、ワンマン経営と貸出金を急増させるボリューム志向、その結果の不良債権の大規模な発生であった。

ワンマン経営の実態をみよう。拓銀は、もともと大蔵省OBが頭取を務めていた。しかし1977年に五味彰氏がプロパー（生え抜き）2人目の頭取になったことを皮切りに、1983年鈴木茂氏、1989年には山内宏氏といった生え抜きの頭取が次々と就任した。

山内頭取は鈴木前頭取の拡大路線を受け継いだ。生え抜きが頭取になると、周囲を側近が固め、風通しが悪くなった。頭取と取り巻きグループの暴走が始まった。

生え抜き頭取と側近グループは、ノンバンク経由を含め、不動産分野で融資拡大を追求した。拓銀はもともと不動産が得意でも積極的でもなかった。しかし、他の都銀に収益力で水をあけられ、地銀の猛追への焦りもあった。

1980年代後半、「インキュベーター」（新興企業育成）路線として、カブトデコム、ソフィアグループなどとの取引を拡大した。推進したのは、鈴木会長、佐藤安彦副頭取、海道弘司常務（SSKトリオ）であった。

山内頭取は米国コンサルタント会社マッキンゼー・アンド・カンパニーを使い、1990年に「たくぎん21世紀ビジョン」を策定した。そこに書かれていた「インキュベーター機能」を積極的に推進した。具体的には、営業推進と審査機能を一元的に担う戦略部署

「総合開発部」を新設した。これにより、スピーディに不動産融資を積み上げたが、結局、不良債権の山を築いた。

1994年の金融検査の結果、同年11月、経営内容に問題ありとして大蔵省から「決算承認銀行」に指定され、1995年3月期で住友銀行（不良債権処理）とともに、赤字決算となった。97年3月末の貸出に占める不良債権比率は13・4％と都銀中最悪であった。

1997年4月1日、拓銀と北海道銀行（道銀）は「98年4月1日を目途に対等合併する。名称は『新北海道銀行（仮称）』。会長は河谷禎昌拓銀頭取、頭取は藤田恒郎道銀頭取が就く」と発表した。

しかし、1997年9月に拓銀、道銀の合併構想は破談となり、拓銀から預金が流出し、資金繰りが悪化した。拓銀への資金供給は主幹事の山一證券も実施していたが、山一證券も経営悪化で資金供給はなくなった。11月4日に三洋証券がコール市場でデフォルトを起こすと、拓銀は資金の取入れが困難になり、17日に資金繰り破綻した。

11月14日は、準備預金制度対象行が日本銀行に預金の一定割合を積み立てる「積みの最終日」であったが、拓銀は所要資金を手当てできず、過怠金（約300万円）を日銀に支払った。これによって17日に資金不足に陥ることが判明し、日銀は特融および日本銀行券の拓銀店頭への運び込みなど必要な準備を行った。道銀との合併破談から約2か月、三洋証券デフォルトのわずか2週間後のことであった。

破綻した11月17日から19日の3日間で、拓銀の預金流出額は約4900億円にのぼった。預金流出が激しかった大阪・木津信組でも破綻日以降3日間での預金流出額は約2500億円であり、拓銀は倍近いペースであった。拓銀向け日銀特融は、初日に6500億円、18日に3200億円で、2日間合計で1兆円近くにのぼった。

やはり都銀となると、規模が大きいだけに、預金の流出額は非常に大きい。かつて低コストで、潤沢に預金を集めることができた一種のブランド（暖簾）は破綻により無価値になってしまった。

†大規模銀行初の破綻

拓銀とはどういう銀行か。

第1に、拓銀は都銀で、業務の規模、範囲が広かった。

第2に、本店のある北海道では圧倒的なプレゼンス（存在感）があった。

規模とは、預金、貸付、資金決済などの量が大きいこと。範囲とは、証券業務、国際業務なども扱っていたということだ。それらが広いとは、多くの取引先を有していることでもある。取引先は大企業・中小企業、個人、公的セクターと層が厚い。もとより企業のメ

図表4－1　北海道拓殖銀行の道内におけるプレゼンス（1993年3月）

	北海道拓殖銀行	北海道銀行	北洋銀行	札幌銀行
設立	1900年	1951年	1917年	1950年
総資産	10兆9735億円	3兆4984億円	1兆6124億円	7591億円
当期利益	78億円	37億円	21億円	11億円
店舗数	215	145	120	73
従業員数	6329人	3235人	2035人	1075人

高向巌『ある金融マンの回顧――拓銀破綻と営業譲渡』（北海道新聞社）を基に作成

インバンクとなっている例も多い。顧客基盤の広さゆえに店舗数、従業員も多い。

そして、北海道でのプレゼンスである。

拓銀は、歴史が古く、北海道開拓時代から、北海道の発展に力を注いだ。拓銀の総資産は10兆9735億円（1993年3月時点）で、北海道銀行（3兆4984億円）の3・1倍、北洋銀行（1兆6124億円）の6・8倍、札幌銀行（7591億円）の14・5倍と、圧倒的な力を有していた。利益水準、店舗数、従業員数、どれをとっても拓銀は道内銀行の中では群を抜いていた。

道内では「拓銀さん」と呼ばれ、顧客から親しまれていた。北海道でさん付けで呼ばれるのは、「丸井さん」（札幌に本店を置く百貨店）、「棒二さん」（函館に本店を置く百貨店）ぐらいと数は少ない。

†拓銀破綻で北海道経済はガタガタ

拓銀破綻の意味をみていきたい。

大手銀行の破綻である。日本では大手銀行は潰れないものと認識されていた。1997年2月10日、大蔵大臣の国会答弁は、日本の金融システム安定のアンカーの役割を果たすはずであった。衆議院予算委員会で新進党鈴木淑夫議員は「大手銀行20行を潰さないという方針を橋本内閣はとっているのか」と質問。三塚博大蔵大臣は「メジャーバンクとよく言われます。血のにじむような不良債権回収の努力をしている。そういう点から20行というメジャーバンクをしっかり支えていくのは大蔵大臣としてこれは当然のこと」。しかし、拓銀は、日本初の都銀の破綻であり、国際公約を反故にするものだったので、内外の日本の金融システムに対する信任は一気に崩れた。海外主要国では大手金融機関の破綻例はない。「Too Big To Fail（大きすぎて潰せない）政策」がほぼ定着、破綻させず再建支援が行われていた。

経済面は、とりわけ北海道経済への影響である。拓銀の破綻は、同行をメインバンクとしていた多くの企業倒産につながった。失業の増加など雇用情勢が悪化し、個人消費、企業の投資は萎縮した。特に北海道経済は大打撃を受け、「拓銀ショック」と呼ばれた。

拓銀の道内貸出は、基本的に北洋銀行に譲渡された。しかし不良債権等は引き継がれず、回収されることになった。対応が難しいのが第2分類債権であった。これは不良債権（第3、4分類）ではないが、回収に通常よりは危険があるというもので、先行き不良化するリスクがあった。簿価で譲れば、貸倒れが発生するおそれがある。しかし、北洋銀行が譲り受けを拒否すると、北海道経済に深刻な影響が出るおそれがある。

北洋銀行は時価譲渡（貸倒リスクを勘案して貸出額より低い評価での譲渡）を主張したが、大蔵省との調整は難航した。交渉に時間がかかったのは、個別債権の価格交渉もあったが大蔵省の過剰接待問題、金融監督庁発足で交渉自体ができなくなったからだった。時間がなくなり、一部の時価評価とその他全般にわたる譲渡価格の大幅な割引が認められた。

大企業取引も難しい。北洋銀の自己資本は小さく、大口信用規制（ひとつの貸出先への額は自己資本の25％以内）に抵触する貸出先があった。丸井今井、地崎工業のような拓銀メインの大企業は北洋銀行がそのまま引き継ぐにはリスクが大きく、債権分割等の対応をしなければならなかった。

この主要融資先2社をみてみよう。丸井今井は、1872年創業の札幌の老舗百貨店である。経営多角化に注力したが、1997年にメインバンクの拓銀が破綻すると、金融債務の膨張、海外不動産投資の失敗から、経営難に陥った。98年、北海道経済への影響を危惧した北海道庁は北洋銀行、北海道銀行、札幌銀行の道内3行を中心に35取引先金融機関が2～5年間、借入金返済を据え置くという支援策をまとめた。

地崎工業は北海道を代表する総合建設会社で「道内土木業の雄」と呼ばれた。地崎工業にはスキージャンプのスキー部があり、「レジェンド」と呼ばれる葛西紀明選手が所属していたのは同社だった。メインバンクの拓銀が破綻すると、関連会社の不動産事業も経営が著しく悪化した。地崎工業の経営も深刻だったが、問題は金融機関の対応であった。北海道銀行はあくまで受皿銀行の北洋銀行の問題だとして、融資には慎重姿勢を崩さなかった。一方、北洋銀行は協調体制が大前提と主張するなど真っ向から対立した。そこで北海道庁が調整に乗り出し、1998年に北洋銀行、北海道銀行、札幌銀行3行の協調支援がまとまったが、地崎工業は2004年、岩田建設に吸収合併された(現・岩田地崎建設)。

拓銀の道内貸出債権は3兆4800億円（1998年11月16日）であった。正常先債権1兆4400億円、第2分類債権3600億円、第3・4分類債権1兆4400億円、個人ローン等が2400

図表4－2　貸出債権の区分

第1分類	回収、毀損の危険性がないもの（非分類）
第2分類	回収について通常の度合いを超える危険性があるもの、分類債権中担保の入っているもの
第3分類	回収について重大な懸念があるもの
第4分類	回収不可能または無価値

高向巌『ある金融マンの回顧――拓銀破綻と営業譲渡』を基に作成

図表4－3　北洋銀行の拓銀債権引継ぎ状況

	引継ぎ		引継ぎ拒否		合計	
	件数	金額	件数	金額	件数	金額
正常先債権	13,800	14,000	400	400	14,200	14,400
第2分類債権	1,800	2,500	500	1,100	2,300	3,600
第3・4分類債権	0	0	1,000	14,400	1,000	14,400
小計	15,600	16,500	1,900	15,900	17,500	32,400
個人ローン等	142,800	2,100	2,300	300	145,100	2,400
合計	158,400	18,600	4,200	16,200	162,600	34,800

『拓銀はなぜ消滅したか』（北海道新聞社）より作成（単位：億円・件）
1998年11月16日時点。地崎工業、丸井今井はこの時点では調整中のため、計数に含まれていない。件数には個人も含む。

億円であった。

このうち北洋が引き継いだ債権は、1兆8600億円で正常先債権1兆4000億円、第2分類債権2500億円、個人ローン等2100億円であった。北洋が引き継がなかった債権は、1兆6200億円（正常先債権400億円、第2分類債権1100億円、第3・4分類債権1兆4400億円、個人ローン等300億円）で、これらは基本的に整理回収銀行に移管された。本州地区の貸出債権1兆2000億円は中央信託に譲渡された。このうち、正常債権は1兆1000億円、第2分類は1000億円であった。中央信託の店舗は111店舗となり、信託専業7社中最大となった。

帝国データバンク札幌支店の調べによると、拓銀が経営破綻した1997年11月17日から翌年11月末までの約1年間で、拓銀をメインバンクとしていた道内企業の倒産は112社、負債総額は1兆8070億円に上った。拓銀グループ企業を除くと倒産件数は102社、負債総額は145

5億円と拓銀グループ企業の負債額の大きさが目立った。

1997年11月の有効求人倍率は全国平均が0・69倍、一方道内は0・51倍、うち道南は0・46倍と厳しい雇用情勢であった。

交付国債方式で公的資金

1996年信用組合と住専への公的金投入が制度化されたが、破綻銀行への公的資金投入は手付かずのままであった。97年拓銀破綻後しばらくしてから、ロス埋めの公的資金投入が制度化された。

1998年2月、預金保険法改正により、預金保険機構内に特例業務勘定が設置され、一般金融機関と信用組合の各特別勘定の区分を廃止、統合され、交付国債の限度が7兆円、政府保証枠が10兆円に設定された。特別資金援助を行うために徴求する特別保険料収入のみでは資金援助の財源が不足する場合、特例業務勘定の取崩しを行う、すなわち預金保険機構は政府に交付国債の償還請求を行うことができる。

交付国債は、当時の橋本龍太郎首相の行政改革路線に抵触しないかたちで公的資金投入を行うために、宮澤喜一元首相のアイディアにより導入された。通常の国債は国債発行とともに支出のための資金手当が行われるが、交付国債の場合は資金需要者（預金保険機構）に国債を交付し、預保は預金保険発動により資金が必要になった際、政府に国債の償還請求を行い大蔵省から資金を受け取り、不足している資金の穴埋めを行うという仕組みである。これまで、交付国債は戦没者の遺族に対して発行される遺族国債等の例があった。1998年10月、拓銀は破綻処理され、北洋、中央信託への事業譲渡、預金保険の資金援助が発動されたが、その際初めて交付国債の償還請求1兆円が行われ、公的資金が投入された。

銀行への破綻後の公的資金投入が制度化されたが、これは遅すぎだった。大蔵省は住専問題の後遺症から公的資金をタブー視し、新たなスキーム作り・対応の検討にも手をつけていなかった。

大蔵省銀行局が拓銀の破綻必至となった時に策定した処理案での受皿はかつて拓銀との合併を断り、拓銀を破綻に追い込んだ道銀であった。この案を拓銀は一蹴した。結局、日銀OBが頭取を務める北洋銀行が道内の業務に限って引継ぐことになった。一方、本州地区は中央信託銀行が引継いだ。これも、付け焼き刃の印象が強い。中央信託は経営に不安があったがゆえに、破綻処理の受皿を買って出ることで、自らの延命につなげようという戦略のように思えた。

†望ましい拓銀処理は日銀のつなぎ出資

筆者が望ましかったと思う拓銀処理案は次のとおりだ。拓銀問題は金融危機に火がつきかねない状況で起こっており、拓銀処理は金融危機を回避するための対応ととらえられたはずだ。取付けが起こるなどの金融システムへの波及を防ぐため、拓銀は破綻処理を行わず、米国流の「大きすぎて潰せない（Too Big To Fail）政策」を実践すべきだった。オープン・バンク・アシスタンス（Open Bank Assistance、非閉鎖措置）方式の選択である。

理想的にはそうなるが、そのための制度の整備等には時間が必要だったろう。しかしそれを待つ時間的猶予は当時はなかった。そこで、日本銀行がつなぎ対応として、拓銀への増資を行う。その後政府が対応するという二段階論を取ればよかったと思う。

1993年春、日本銀行は大蔵省に対し金融システム安定化のための包括的な提案を行った。その時、日本銀行は経営悪化した大手銀行に対し、つなぎ的に出資を行うことを明示した。まさに、この処理策を実践するのである。

少し、この筆者案を解説しよう。

まず危機対応という考え方である。実際、拓銀破綻により日本の金融危機が起こった。大量の不良債権が発生していることは、ほぼ周知の事実でもあった。大手銀行を破綻させれば、日本発の恐慌を発生させかねず、国際的にみても禁じ手であった。具体策であるオープン・バンク・アシスタンスとは、銀行を破綻させず、公的資本注入により金融システムを守るという方式である。

オープン・バンク・アシスタンスは1950年、金融機関の処理対応策のひとつとして、米国で採り入れられた。1986年以前はブリッジバンク制度（受皿銀行が見つかるまでの間、一時的に破綻銀行の業務を引き継ぐ制度）が存在しなかったため、規模の大きな金融機関への問題対応に用いられた。

しかし、この方式はモラルハザードを招き、処理費用、ひいては国民負担が増えると批判が高まった。1993年にはシステミック・リスクがある場合を除き、預金保険基金等を用いて、株主に利益をもたらす破綻回避策は禁止された。

実際、リーマン・ショックの際、2008年から2009年にかけて、シティバンク、バンク・オブ・アメリカ、ワコビア（全米4位の銀行持ち株会社）はいずれもシステミック・リスク・エクセプション（システミック・リスクの例外措置）が発動され、オープン・バンク・アシスタンスにより救済されている。2023年3月に破綻した米国のシリコンバレー銀行、シグネチャー銀行もシステミック・リスクの例外措置で処理された（預金は全額保護）。

改めて、破綻処理とオープン・バンク・アシスタンスの違いをみよう。破綻処理の場合は、受皿の金融機関は貸出を回収しようとしがちになる。少なくとも新規・追加融資には非常に慎重になる。結果、連鎖倒産など企業倒産が増加、景気を下押しする。破綻処理に伴う事後的に注入された公的資金は回収できない。

一方、破綻前に注入された公的資金（公的増資）は投入した先が再建されると返済力が生まれ、回収できる。大手銀行の破綻処理は救済する場合より、処理費用ひいては国民負担が大きくなる。破綻処理はかなり割高な対応だ。

具体的な処方箋は、十分な公的増資を行うこと。自己資本が増加し、倒産確率が低下、取付けは収まり、預金も増加する。融資対応力が備わっていき、収益力もついてくる。利幅が大きい道外店舗も維持する。拓銀が目指すべきは、都銀としての暖簾（フランチャイズ・バリュー）の復活であった。

拓銀処理を金融危機対応と位置づけ、経営者、株主の責任追及は原則、行わない。そもそも経営責任が問われるべき問題融資を実施したときの「戦犯」である経営者は時効となっており、現経営陣がスケープゴートとして責任を追及されるのは問題である。

一刻を争う危機時の対応でバーナンキFRB（連邦準備制度理事会、米国の日銀のようなもの）元議長も「モラルハザードの回避の検討には時間がかかる」と述べている。

†山一證券の自主廃業

山一證券は1897年創業の老舗証券会社。「法人の山一」と言われるように、法人部門に強みがあった。裏返して言うと個人顧客部門の販売力が弱く、証券大手四社の中で最も体力が脆弱であった。

1964年の証券不況に際しても、山一證券は経営危機に陥った。有名な田中角栄蔵相の一喝「お前それでも頭取か」で、日銀特融が銀行経由で実施され、救済された。山一は当時、割引債の運用預かりをしていた。これは、顧客から預かった割引金融債等を運用し、運用益の一部を品借り料として顧客に支払うもので、証券会社として有利に資金調達することができた。しかし経営危機のうわさを受け、顧客の証券引出にあい（一種の取付け）、経営が悪化し、日銀特融に追い込まれた。特融は1969年に株価回復で完済された。

バブル期の1988年に社長に就任した行平次雄氏の時に、バブル崩壊によりピーク時2兆円を上回ると言われた営業特金（証券会社に運用を一任する特定金銭信託）で多額の損失を抱えた。だが、野村證券が損失を一掃したのに対し、体力の弱い山一證券は損失を「飛ばし」という簿外処理の形で先送りした。

1992年、行平氏は健康問題を理由に、三木淳夫氏に社長を譲った。しかし、その後も実質的な権限は行平会長が握り、飛ばしは処理されなかった。飛ばしの簿外債務は、国内1兆5833億円、国外1065億円であった。

1997年3月東京地方検察庁および証券取引等監視委員会が、総会屋小池隆一氏への利益供与の容疑で野村證券の家宅捜索を行った。

これを機に一部メディアが山一證券の総会屋への不正損失補塡や簿外債務を報道したことから、8月、総会屋利益供与問題の責任をとって行平・三木ら取締役11人が退任した。後任として、社長に野澤正平氏、会長に五月女正治氏が昇格した。しかし、翌9月、山一證券も総会屋利益供与問題で強制捜査を受け、総会屋利益供与問題で三木前社長が逮捕された。これをきっかけに、同社は急速な信用収縮に襲われた。

10月6日、山一證券はメインバンクの富士銀行に「飛ばし」と呼ばれた簿外債務の存在を報告するとともに、再建支援を求めるも、11月11日、富士銀行から事実上の支援拒否の最終回答があった。

富士銀行からの回答は、劣後ローンは250億円が限度、過去の無担保融資は早急に担保を入れてほしいというものだった。富士銀行は、同年9月中間決算で中間配当を見送っていた。山一證券破綻後は富士銀行は支援できないほど体力がないと受け取られ、資金繰りに悪影響がでた。

11月14日、野澤社長は大蔵省長野厖士証券局長に簿外債務とその損失について報告。長野証券局長は19日、野澤社長に自主廃業を通告した。

山一證券は会社更正法の適用を期待したが、裁判所は、①違法行為の飛ばしがあると会社更正法の適用は難しい、②大蔵省の協力がない、③重要事項のタイムリー・ディスクロージャーの必要があるが、規模が大きく、当初の公表予定の26日は日数的に難しいとの非公式見解（1998年4月、山一證券社内調査報告書）があり、会社更生法申請を断念した。11月24日、臨時取締役会が開催され、自主廃業に向けた営業停止が決議された。当初予定の26日より前倒しして、24日に記者会見が行われ、野澤社長は「私らが悪いのであって、社員は悪くありませんから」と号泣しながら訴えた。

証券会社は大蔵省の認可業種であり、証券業の廃止の場合も旧証券取引法（旧証取法）第34条第2項により大蔵大臣の認可が必要である。手続きとしては、①営業休止届を大蔵大臣に提出、②大蔵省による検査の実施、③自主廃業の大蔵省に対する申請、④大蔵省の認可といった手順になる。

山一證券が1997年11月25日に大蔵省に提出した営業休止届出書によると、「当社の含み損2648億円は当社に帰属し、当社が負担する。この結果、自己資本比率は120%を大幅に下回る」とある。

このような状況から、「業務を行うことは困難と判断、自主廃業に向けて営業の休止を決めた」。ただし、取締役会決議から約7か月後の98年6月の株主総会では、会社の解散決議に必要な株主数を確保できず、自己破産の申立てを行い、99年6月2日東京地方裁判所から、破産宣告を受けた。

金融商品取引法では、自己資本比率の120%維持義務が規定されており120%を下回った場合、金融庁は業務の変更を命ずることができ、100%を下回った場合、業務の全部または一部の停止を命ずることができるとされている。

自己資本比率と言っても、証券会社と銀行では内容がまったく異なる。証券会社の自己資本比率は、「固定化されていない自己資本の額／リスク相当額」であり、銀行の自己資本比率は、「自己資本／リスクアセット（リスクに応じて調整した総資産）」と、定義そのものが違う。

†「飛ばし」とは何か

バブル期の証券会社は、投資家の代わりに委託を受けた証券会社が有価証券運用を行う「売買一任勘定」による特定金銭信託、つまり営業特金の販売に躍起になった。バブルの下で株価は右肩上がりだったので、投資家、証券会社ともに潤った。投資家は期待した運用利回りを得ることができ、証券会社には株式売買手数料が入った。

けれどバブル崩壊で、運用ファンドに多額の含み損が発生した。投資家からは損失補塡を求められ、応じる証券会社がほとんどだった。当時、利回り保証は違法だったが、損失補塡、売買一任勘定は違法ではなかった。大蔵省は「飛ばしは、企業間の株式を用いた現先取引、すなわち短期の金融取引の一形態であり、それ自体が証取法違反と決めつけることはできない」としていた。

しかし、山一證券は損失補塡に応じることはせず、含み損を抱えた有価証券を第三者（複数のペーパーカンパニー）に簿価で転売した。これが、「飛ばし」だ。

転売先の決算では、含み損が時価評価により表面化するので、転売先も複数のペーパーカンパニーをつくり、決算前に、含み損を抱えた有価証券を移し替えた。

1991年後半から、飛ばしは国会でもとりあげられるようになり、92年5月には大蔵省証券局長は飛ばしに絡んだ和解もしくは調停、訴訟は15件、1755億円と答弁した。同年10月に損失補塡、売買一任勘定を禁止する改正証券取引法が成立した。施行は93年1月1日となった。

しかし、損失補塡は法改正により違法となった。簿外処理すれば粉飾決算となる。その株式を仲介した証券会社が引きとると損失補塡にあたるおそれがある。ただし法改正の際、裁判をする、裁判上で和解する、民事調停で調停する、など一定の条件の下での「証券事故」となれば、損失補塡にならないことが、法律に明記された。

改めて山一證券の破綻について見直してみよう。破綻の原因は一般的には、多額にのぼる簿外債務である。飛ばし、粉飾という違法行為にあると考えられる。実際、1998年3月、山一證券の行平次雄元会長・三木淳夫元社長は最大2720億円の損失を隠して、虚偽の有価証券報告書を作成したとして、証取法違反の容疑で逮捕され、2000年3月、東京地方裁判所でともに有罪判決を受けた。

一方、前述の山一證券の営業休止届出書では、「当社が負担すべき含み損」で「損失は当社に帰属」、この結果、自己資本比率が大幅に低下したことが述べられており、巨額の損失補塡が破綻の原因であったとの書き振りであった。

株価暴落から、先の営業特金で多額の含み損を抱えた。顧客から、含み損を抱えた有価証券を引き取れと迫られる。時価で引き取ると損失補塡となり、相手の有価証券は証券会社の所有有価証券となり、含み損を処理する必要がある。

野村證券は法的な手続きを経て証券事故の形で損を引き取った、あるいは顧客に損をさせて処理していたが、山一證券には損を引き取るだけの体力もなく、かといって顧客に損を押し付ければ、その後の取引ができなくなると考えたようだ。

山一證券はそれらの有価証券を引き取らず、第三者に簿価で転売する、飛ばし、かつ簿外債務、かつ粉飾を選択したのであった。

問題は、こうした行動をとるに至った原因である。それは、一任勘定による営業特金という商品と損失補塡という、いわば投資家にとって「負けがないことが保証されたゲーム」であったように思われる。投資家は勝負に勝てば利益は自分のもの、勝負に負ければ負けの払いは業者という具合であった。

これは改正証券取引法で禁止された損失補塡である。

当時のメディアの報道をみると、悪いのはもっぱら証券会社という見方が大勢を占めていたように思われる。しかし、損失補塡はする側も、される側も、双方悪いのである。

現在は金融商品取引法となっている旧証取法では証券会社が損失補塡を行うことを禁止するとともに、顧客が損失補塡を受けることも禁止、またそれぞれの罰則規定が明記されている。ただし、証券会社の罰則は顧客より重いとされている。条文をみてみよう。金融商品取引法では第39条第1項で証券会社が損失補塡を行うことを禁止、同条第2項で顧客が損失補塡を受けることを禁止している。

金融商品取引法第198条の3では証券会社の罰則を「3年以下の懲役若しくは300万円以下の罰金」とし、同法第200条第14号で顧客への罰則を「1年以下の懲役若しくは100万円以下の罰金」としている。

日銀内でもめた特融発動

山一證券の破綻に対し、日本銀行は特融を実行した。自主廃業の発表に先立つ3日前の1997年11月21日、日本銀行で役員集会、円卓《マルタク》が開かれ、山一證券向け特融について議論された。

特融発動「賛成派」は、竹島邦彦氏が局長を務めていた営業局であった。営業局は市場およびそのプレイヤーのモニタリングを行っている部署である。山一證券は国際業務展開を行い、プレゼンスが大きい、加えて海外に銀行現地法人もある。仮に特融を出さなければ、海外市場は大混乱する。また山一證券は資産超過であるとの主張であった。

特融発動「慎重派」は、福井俊彦副総裁、信用機構局長の増渕稔氏だった。証券会社は銀行のようなシステミック・リスクは存在しない。なぜなら、証券会社は資金決済機能を有した預金は持っていないからと主張した。規模が大きいことを理由に特融を出せば歯止めがなくなる。特融に損失が生じた場合どうするのか、とのことであった。

筆者が所属していた信用機構局の立場はやや微妙であった。当時の金融システムの状況からみて山一證券向け特融はやむを得ない措置と、心の底では思っていた。特融の具体的運用を明確化すべく原則を策定してきた立場があった。すなわち、山一向け特融が日銀の原則からみて適当かどうかを判断するのがまさに信用機構局の仕事であった。このため、特融賛成とは打ち出せなかった。

結局は松下康雄総裁が肚を括り、実施が決定された。

後に松下氏に対して2006年5月から2008年2月にかけて実施されたオーラルヒストリーの記録に山一特融の際の決断に関するインタビューが収められている。

1 「証券会社が果たしているいろんな機能の中には、非常にたくさんの個人投資が含まれていることは事実。どういう形で問題を整理するかを考える上で、「信用金庫ならそこは何とかしてやるが、証券会社はちょっと違うという論理だけではどうかね」という感じを内心持っていた」。

2 「いろんな問題はあるけれども、誰かが悪者になって事態の決着をつけなければ、今の状態というのはちょっと耐えられないというような感じだったのではないかなと思う」。

3 （山一特融決断について）「行内の体制の全部が「そういうことはできませんよ」という時代であれば、それを「一人でひっくり返してみせるぞ」というふうに行けたかどうかは、疑問だと思う」。

日本銀行の特融原則は、1994年10月の三重野康総裁講演で初めて、世の中に出た。それが現在の4原則となって公式文書に登場したのは1996年5月の「平成7年・年次報告書」であった。

原則1　システミック・リスクが顕現化するおそれがあること
原則2　日本銀行の資金供与が必要不可欠であること
原則3　モラルハザード防止の観点から、関係者の責任の明確化が図られるなど適切な対応が講じられること
原則4　日本銀行自身の財務の健全性維持に配慮すること

特融の貸倒損失に備え寄託証券補償基金を拡充することになっていた。山一證券破綻の際の大蔵大臣談話において、「本件の最終処理も含め、証券会社の破綻処理のあり方に関しては、寄託証券補償基金制度の法制化、同基金の財務基盤の充実、機能強化等を図り、従前の処理体制を整備すべく、適切に対処したい」と明記されていた。

大蔵省は1999年に法律改正を行い、寄託証券補償基金が特融債権を額面で買い取る仕組みができた。しかし、その財源として公的資金が用意されていたのではなく、証券界の資金拠出を想定していた。証券界は三洋証券破綻の際の負担分もあり、とても追加負担はできないとして応じず、本案は瓦解し、日銀に貸倒損失が発生することになった。

なお、山一證券に対する日銀特融はピーク時1兆2000億円、貸倒損失は1111億円で2004年度決算において償却された。

日本銀行の貸倒損失は、これにより国に納める国庫納付金が減少するため、税金を使って処理をしたことと同じである。

†釈然としない山一證券破綻

大手四社の一角を占め、創業100年を迎える老舗証券の破綻。筆者は山一破綻に釈然としないものを感じていた。まず、金融危機との関連である。11月17日の拓銀、11月24日の山一證券の相次ぐ破綻は、日本の金融問題を危機に変えた。

金融機関の市場からの資金調達が困難になり、日本の金融機関に対する上乗せ金利、いわゆるジャパンプレミアムも急上昇、全国的な取付けが発生した。山一證券破綻を回避することで、金融危機も回避できなかったのか。

日本銀行との関係をみると、国債買い切りオペ（公開市場操作）等、オペ先となるなど金融調節に協力していた。考査という資産内容に関する検査の実施先でもあった。山一證券は海外で銀行業務を営む現地法人も有していた。

これだけの証券会社が市場から消えた影響は大きい。

次に、山一證券はなぜ、飛ばしを続けたのか。

飛ばしは他社も行っていた。1991年、大蔵省は大手4社の特別検査を実施した。1992年に入ってから訴訟・和解の動きが出て、大蔵省は証券会社に飛ばしの情報開示を求め、4月に山種証券に対し業務停止命令を発出した。また5月、大蔵省は国会で和解、調停、訴訟は15件、1755億円であったとの答弁を行った。その際、大和、コスモ、丸万については、社名を公表の上、処分しない旨答弁している。ただこの間、山一證券の飛ばしが表沙汰になることはなかった。

そして、1992年10月、損失補塡、一任勘定の禁止、および証券事故における損失補塡の適用除外を内容とする改正証券取引法が成立、1993年1月に施行された。

山一證券としては合法的に飛ばしを処理する好機到来であった。実際、同社の三木淳夫副社長は大蔵省松野允彦証券局長に相談に行っている。しかし、山一證券はアクションをとらなかった。それはなぜか。

ひとつの答えは、大蔵省の指導があったのではないか、という点である。大蔵省松野証券局長は、①1991年の11月か12月頃、山一證券三木副社長が、飛ばしの処理についての一般の考え方を聞きに来た、②取引先企業との間で飛ばしに絡んだトラブルがあるという話は聞いた、③その際話の流れの中で、現先取引の仲介を続ける場合、その仲介先を国内企業に限ることはないという話はしたかもしれないが、指導はしていない、との国会答弁を行っている。（1998年2月4日、衆議院大蔵委員会）

一方、山一證券社内調査報告書（1998年4月）には、「1992年1月22日頃、三木副社長は松野証券局長から大和證券を引き合いに出しながら海外への飛ばしの可能性を示唆された」としている。また、同副社長の大蔵省往訪結果の報告を受けた山一證券の行平次雄社長、延命隆副社長、小西正純法人営業本部長ら役員たちは、「大蔵省から東急百貨店の件を訴訟等によらず飛ばしによって処理するよう示唆されたと理解し、同百貨店とは法的に争わず損失を引き取ることを決定した」と記されている。

以上のように、大蔵省は飛ばしを巡り山一證券から相談を受けたことは認め、山一證券も大蔵省に相談に行っていることを認めている。しかし、その時期については、両者で認識が異なる。

また「飛ばしを海外にもっていったほうがよいという指導は行っていない、話の流れの中で、国内に限る必要はないと言ったかもしれない」と大蔵省は言い、山一證券サイドでは「他社の例を引き合いに示唆を受けた」とするなど話の中身についての認識も異なっている。

大蔵省の対応や発言にも不可解な点がある。大蔵省は山一證券から飛ばしの相談を受けたことは認めている。その時、飛ばしをやめよと指導・示唆しなかったのはなぜか。「当時の状況からすると、企業が株を現先取引の形で一時移しかえることは法律で規制ができない以上、あとは経営者の判断の問題」と、1998年2月に松野証券局長は国会答弁している。

しかし、1992年4月に同省は飛ばしを行っていた山種證券に業務停止命令を発出している。

なお、同じ国会答弁のなかで松野証券局長は、「証券会社が責任を負わなければならないもの（飛ばし）はないとの報告を受けていた。損失補塡を禁止するための法律改正が成立し、施行された時点なので、よもやそういうことをやるとは考えていなかった」と話している。一般的な飛ばし処理に関する相談はあったが、山一證券の問題として報告はなかったということなのだろうか。

†山一證券処理の最善策は何だったのか

山一證券破綻で最も釈然としないのは、その処理の仕方、すなわちなぜ自主廃業が選択されたのかという点である。

まず、事実関係を整理してみたい。

① 大蔵省証券局では当初、1960年代半ばの「証券不況」時の連想からか、日銀特融による山一救済を期待していたと思われる。大蔵省は日銀に山一證券向け特融を要望した。しかし、日銀サイドの予期せぬ反発にあい、救済案が進まなくなった。

1998年4月の山一證券社内調査報告書によると、「11月14日（金）に山一證券の野澤社長が大蔵省に長野厖士証券局長を訪ね、山一に2600億円の含み損があること、会社再建に対する富士銀行の反応と、資金繰りが窮していること等を報告した。長野証券局長は「もっと早く来ると思っていました。話はよくわかりました。三洋証券とは違いますので、バックアップしましょう」などと述べた」とされている。

長野証券局長の発言は日銀特融が受けられるとの期待が前提となっているように思われる。この段階では、長野証券局長は日銀特融による山一救済をイメージしていたのではないか。

② 大蔵省長野証券局長は11月17日、本間忠世日銀理事に特融を要請した。しかし、本間理事は、「不正行為があるところを特融で救うなどできるはずがない」と相手にしなかった。

③ 日銀サイドの予期せぬ反発にあい、長野局長は特融による救済は困難との気持ちに傾いたとみられる。17日の局議で、長野証券局長は本間理事への電話後、「救済が無理なら三洋証券のように会社更生法は使えないだろうか」と質問。局員は、「規模が大きく、違法行為もあるので地裁は受け付けないだろう」と答えた。

④ 後日、山一の弁護士団は裁判所から、会社更生法は否との非公式見解を受けている。

⑤ 破産申請もメニューのひとつではあるが、清算型であり、マーケットへの悪影響が大きい。山一證券の弁護士団も長野証券局長に破産は使えないか確認したところ、同局長は顧客資産の保全が取れないとして却下した。

⑥ 残る最後のカードが自主廃業であった。19日、長野局長は野澤正平山一證券社長に自主廃業を通告した。なお、21日、日本銀行は特融発動を決定。また、24日に山一證券は、自主廃業を対外公表した。

自主廃業、会社更生法適用、日銀特融という山一処理案について個々に見ていこう。

まず自主廃業。これは最悪のスキームと思われる。自主廃業の場合、会社更生法のような裁判所による債権保全命令が出ない。このため、債権者による取り立てに早い者勝ち競争が起き、内外の金融・証券市場で大混乱が生じ、日本発の金融恐慌へと突き進む可能性が高かった。もとより、山一證券という会社は、過去営々と築いてきた暖簾とともに消滅する。

しかし、日銀特融が発動されたため、内外の市場は救われた。特融は、山一證券の全債務を保護するという効果と投資家等に対する債務を返済するための流動性の供給（客の預かり資産は現金で顧客に返還される）という二つの効果を有していた。

次に会社更生法の適用である。これは、通常再建型と解されており、市場への負のインパクトは相対的に小さい。また、会社更生法の申立てが行われると裁判所から債権保全命令が出されるため、債権者間の早いもの勝ち競争は起きない。従って、市場の混乱も回避される。この点、自主廃業に比して、優れた処理方策と言える。

もっとも、①裁判所は更生計画を認可する立場にあるが飛ばし案件に認可を出せない、②大蔵省は大和銀行巨額損失事件（＊）の教訓から、報告を受けたら速やかに対外公表したい（タイムリー・ディスクロージャー）と思う一方、裁判所は山一證券の規模が大きく、会社更生法となると準備に時間を要するため時間が足りないといった事情がある。このため、会社更生の実現可能性は低いとみられる。

＊1995年に発覚した大和銀行ニューヨーク支店巨額損失事件。情報の公開を遅らせたとして、米連邦政府から隠蔽を指摘され、司法取引に応じた大和銀行はアメリカから完全撤退することになった。大蔵省は発覚前に事件について報告を受けていたとされる。

山一證券社内調査報告書によると、11月20日、山一證券の弁護士が東京地裁民事8部に赴いた。その際、会社更生について裁判官から「飛ばしがあると会社更生法は難しい」「大蔵省の強い協力がないと難しい」「26日は日数的に難しい」との非公式見解が述べられたという。

最後に、日銀特融による山一救済である。全債務を保護し、速やかに債務を弁済する方法は、日銀特融しかない。これは市場、金融システムへの負の影響が最も小さい、すなわち金融危機の発生を抑止する最良の対応策である。また、山一證券は存続するので特融、ロスは先々返済してもらうことが期待できる（1964年の山一特融は1969年に完済）というメリットもある。

そもそも、大蔵省は日銀特融による救済案を期待していた。日銀は特融発動を結局は機関決定し、実行した。

もちろん、世の中から、救済はモラルハザードを招くとの批判を受けることはあり得る。

しかし、バーナンキFRB（米連邦準備制度理事会）元議長はリーマン・ショックの際の経験について、次のように語っている。

「FRBが危機に気づき、その深刻さを推し量るのには、時間がかかった。インフレ率の上昇や金融市場でのモラルハザードに拍車をかけることなど、危機への対応が惹起しかねないさまざまなリスクを検討し、それらを回避する必要があったからだ」「しかし、一連の事態が明確になるにつれ、危機の解明や対策に役立ったのが、私たちが蓄積していた過去の金融恐慌の知識だった」（ベン・バーナンキ『危機と決断』）

以上を総合すると、最もよい選択は、山一證券を破綻させず、日銀特融による救済であったと思う。

山一證券の破綻は非常に重い。反省すべき点は多々あるが、何よりこれは、日本に金融危機をもたらしたという事実を忘れてはならない。金融システムを守り、金融危機を避けるため「巨大金融機関は潰さない、ツービッグ・ツーフェイル（Too Big To Fail）」の原則を金融当局は確立しておく必要がある。

†リーマン・ブラザーズは米国版・山一證券

ここで、記憶に新しいリーマン・ショックを振り返ろう。世界金融危機を招いた米大手投資銀行のリーマン・ブラザーズの破綻である。山一證券の自主廃業から11年後であるが、置かれた状況がとても似た破綻だったからだ。

約6000億ドル（64兆円）という史上最大の負債を抱えた全米4位の投資銀行リーマン・ブラザーズが2008年9月15日、連邦破綻法第11条（再建型倒産）の適用を連邦裁判所に申請した。住宅バブルの崩壊で、抱えていた住宅関連の債券RMBS（Residential Mortgage-Backed Securities、住宅ローン担保証券）の価格が暴落、資金繰りが行き詰まり破綻した。当時、リーマン・ショックという言葉とともに、サブプライム・ローン問題という表現でも騒がれた。

リーマンの負債額は大きかったが、取引先が連鎖倒産したことが、恐慌的な不況を生み出したわけではない。RMBSがさらに下がって市場がマヒしたほか、マネー・マーケット・ファンド（MMF）という投資商品の元本割れにより、優良企業でもドル資金が調達できない「ドル危機」が生じた。それが世界的な経済危機に発展した。基軸通貨の米ドルが調達できないことは、あらゆる経済取引にマイナスの影響を与えた。

さらに、リーマン・ブラザーズ破綻で、一般的な倒産の予想確率が急上昇し、倒産時の保険にあたるCDS（クレジット・デフォルト・スワップ、Credit default swap）市場が崩壊した。CDSは欧州の金融機関や投資家が大量に購入していたので、米国でのショックがただちに欧州に連鎖して世界経済をマヒさせることになった。
世界経済の中心で金融危機が起こり、ただちに世界に伝染した。それがリーマン・ショックが世界経済を揺さぶり、落ち込ませた「連鎖の構図」である。

†リーマン・ショックがドル危機へ

リーマン・ブラザーズの破綻がどのように起こり、広がったのか。もう少し具体的に見てみよう。

第1に、リーマン破綻も、通常の金融機関の破綻と同様に、資金繰り破綻である。拓銀がインターバンク市場で資金が取れなくなって破綻したように、米国の短期資金の調達市場である「レポ市場」で資金が取れなくなった。レポとは資金と証券とを一定期間交換する取引のことで、それらの調達・運用に重要な機能を果たしている。リーマン・ブラザーズは、RMBSを買入れ、これを担保にレポ市場で借り入れをし、その借入金でRMBSを買い、それをまたレポ市場で担保に出す。これによって借り入れで運用額を増やし、収益力を高められた。てこの原理を意味する「レバレッジ」効果だ。レポ調達の期間は短期である一方、RMBSの期間は長い。通常、金利は期間が長いほど高いので、短期借入金で長期のRMBSに投資すれば利鞘収入が稼げた。

だが、担保の資産価格が下がり始めれば、借入金の返済を求められるので負のスパイラルに陥る。メリットはあるがリスクも高いこのレバレッジを実践していたのがリーマンだった。RMBSが急落し、レポ取引での担保としての適格性を失いレポ取引ができなくなった。リーマンは資金繰りがつかなくなった。

第2に、規制や会計制度によってインセンティブに歪みが生じるというレギュラトリー・アービトラージ取引もでてきた。たとえば、銀行の金融子会社SIV（金融機関が証券化商品を運用する目的で設立する組織、Structured Investment Vehicle）によるABCP（資産担保証券、Asset Backed CP）の発行である。SIVは、ABCP発行で資金調達を行い、銀行が組成したRMBSを保有することで利鞘収入を得た。銀行はSIVによるABCP発行に関して資金を供給するが、短期であれば自己資本規制上の資本負担が著しく軽い。親銀行の自己資本規制の合算対象にならない方法をとるため、親銀行の持ち株比率を下げるといったケースもみられた。リーマン・ブラザーズ破綻後は、このSIVは信用度が低いと市場が評価するようになり、銀行自身の資金繰りが危うくなった。

第3に、引き出しが容易なため残高が大きかった投資信託MMF（マネー・マーケット・ファンド）の動きである。MMFの動きが国際的なドル枯渇の一因となったのだ。ドルの短期金融市場におけるビッグ・プレイヤーであるMMFは、銀行預金と同様安全資産との思いが人々にあるため、投信のなかでも特に慎重な運用がされている。しかし、リーマン・ショック時には、MMFすら解約して現金にする動きが出た。そのためMMFの運用がさらに慎重になり、短期金融市場での追加的な運用を控えるとともに、レポの回収に走った。この結果、市場からドルが消えた。ドル市場は、米国のみならず英国にもあるが、そこでも運用を控え、欧州の銀行もドルの資金難に陥った。

†リーマン破綻と米国政治の混乱

リーマン・ショックは、米国の不動産バブル崩壊によるものであるが、気になる点が3つある。

第1に、格付けの問題である。米格付け機関ムーディーズがRMBSの格下げを行ったのは、リーマン・ブラザーズ破綻の約2月前であった。その格下げがRMBSの急落となって、リーマン破綻につながっていったのだが、すでに警報は鳴っていた。

リーマン・ショック発生の前年8月に、フランスの大手銀行BNPパリバ傘下の投資会社が償還凍結を発表し（パリバ・ショック）、10月にはメリル・リンチが79億ドルの評価損を発表した。さらに、2008年3月には全米5位の投資銀行（証券会社）ベア・スターンズが事実上資金繰り破綻し、5月にJP・モルガン・チェースがこれを吸収合併した。

警報は鳴っていたのに、なぜ格付けは7月まで維持されたのか。

第2に、リーマン・ブラザーズはなぜ救済されなかったか。米5位の投資銀行ベア・スターンズはリーマン破綻の半年前の2008年3月にJP・モルガン・チェースによって救済された。しかも、救済の際にはJP・モルガン・チェースの要求でニューヨーク連銀の緊急融資までついた。

救済は盗人に追い銭のように受け取られ、評判が悪かった。特に、ベア・スターンズは銀行ではないので金融システムの安定とは関係がないという受け止め方もあった。

政局的な面も大きい。2008年は11月に大統領・連邦議会選挙が控えており、救済は有権者から支持されないとジョージ・ブッシュ共和党政権は腰が引けていた。もちろん、負債総額、ロス額が非常に大きく、リーマン・ブラザーズを救うには莫大な資金が必要となる点も当局が救済に二の足を踏んだ理由だったのだろう。

しかし、リーマン・ブラザーズ破綻後は、株式、債券市場では崩壊の症状を示し、破綻の連鎖をさけるための金融当局は必死の挽回策を続けざるを得なくなった。保険大手のAIG、シティバンク、バンク・オブ・アメリカなどが救済された。

AIGについては、米政府はAIGの株式を79・9％取得する権利（ワラント）を取得し、実質国有化を行う一方、FRB（連邦準備制度理事会）はAIGに850億ドルの緊急融資を行った。その後、両者は追加支援も実施した。保険会社であるAIGを政府・FRBが救済したのは、「AIGがCDS（クレジット・デフォルト・スワップ）で、企業の破綻に備えた保険の発行主体であり、世界中の何百社もの金融機関が同社のCDSを購入していた」状況下、「リーマンに加えAIGも倒産すれば、市場と金融システムは完璧な大惨事となる」（『バーナンキは正しかったか』デイビッド・ウェッセル著）との判断が働いていた。

バーナンキ元FRB議長は「AIGは連銀から大量の融資を裏付けるのに十分な担保をもっていたが、リーマンは経営を安定化させる計画もなく、崩壊を避けるのに必要な融資を支える担保も十分にもっていなかった」としている。

第3に、米国議会（下院）が、リーマン・ショック後の金融危機を回避するための対策をいったん見送ったことである。このため、株価が記録的な暴落を起こし、世界市場も大混乱した。9月28日、ブッシュ政権と議会指導部は法案成立に向け、合意に達していた。しかし翌29日、下院は国民の税負担の増加やウォール街救済という批判を懸念して、法案を否決した。

上院では、減税や預金の補償額上限の引上げ等国民受けをする修正案を盛り込み、10月1日通過した。その後、3日に下院も通過し、同日、ブッシュ大統領が署名し、緊急経済安定化法（Emergency Economic Stabilization Act of 2008）が成立した。最終的には連邦議会は金融危機収拾に動いたが、それに半月かかり、危機を増幅したのは否めない。

結局、政治的な要因からリーマン・ブラザーズの救済に踏み切れず、米国発の金融危機を招いた。巨大金融の破綻は経済危機という取り返せない負担となることはいまも昔も変わらない。

第五章

ようやく完成した金融システム安定化策

†特別公的管理——長銀の一時国有化から外資への売却

1997年11月の北海道拓殖銀行や山一證券などの連続した金融機関破綻、それに連鎖した金融危機。一般企業まで資金がとれなくなる「貸し渋り」に人々の注目が集まった。大型破綻の余韻も冷めやらぬ98年2月、国会では金融安定化法が成立し、大手銀行に公的出資が行われた。長銀にも1300億円の公的出資が行われたが、市場の期待ほどは大きくなく、焼石に水だった。7月に発足した小渕恵三内閣は、日本長期信用銀行（長銀）問題を重要な経済課題と位置づけ、総理大臣自ら住友信託銀行との合併説得に乗り出したが、同年10月には破談となった。

長銀にとってとりわけ大きなダメージとなったのは、その経営問題への対処が政争の具と化したことだった。連日国会で「長銀問題」がとりあげられ、資金は大量流出した。そうして10月23日破綻した長銀は、一時国有化された。同じ日に施行された金融再生法に基づく初の特別公的管理（一時国有化）の適用を受けたことから、長銀は同法の施行を待って破綻したともいえる。

一時国有化という金融システム安定化策は、長銀破綻前には法整備されておらず、綱渡りの状態だった。

２０００年３月の競争入札の結果、長銀は米国再生ファンド、リップルウッドなどからなるＬＴＣＢパートナーズに10億円で売却された。そして、同年６月、新生銀行に商号変更した。長銀の売却契約の中に、瑕疵担保条項（受皿機関は引き継いだ債権が３年以内に２割以上下落した場合、国に買取り請求を行うことができるという条項）が入り、物議を醸した。しかし、現実にはその条項なしでは引き受け手がみつからない状況だった。

†金融国会――野党案を丸呑みした小渕内閣

１９９８年７月30日に、第１４３回臨時国会がはじまった。この日、橋本龍太郎内閣から小渕恵三内閣に政権が移った。国会の終盤に実質的に長銀の一時国有化のための法案（金融再生法）が成立した。国会は「金融国会」と呼ばれた。長銀処理法案を巡り、与野党が激突した。

長銀処理策が国会の場で堂々、公開討論されたのであるが、それがために長銀から資金の大量流出を促した面は否定できない。参議院が与野党逆転となっており、野党としても政策修正力があることをアピールしたかった面もあった。

８月５日、政府・自民党はブリッジバンク方式を柱とする金融再生トータルプラン関連法案を国会に提出したが、参議院での数の優位を背景とした野党の攻勢に、後退を続けた。

9月3日、野党は特別公的管理（一時国有化）を柱とする対案を提出した。小渕総理は野党案を丸呑みし、10月23日に金融再生法等関連法が施行された。金融再生法、改正預金保険法、早期健全化法が成立と施行、同日には長銀の特別公的管理開始が決定した。まさに長銀の破綻処理のための法律施行であり、日本発の世界恐慌を起こさないための特別公的管理を可能にするまで、長銀の資金繰りをつなぎにつないだうえでの破綻だった。

なお、金融再生法成立の背景には、民主党、自民党の若手議員の行動があった。彼らは「政策新人類」と呼ばれる。政策新人類は、自民党が塩崎恭久氏、渡辺喜美氏、石原伸晃氏、安倍晋三氏など、一方野党は枝野幸男氏、池田元久氏、古川元久氏などで、大手銀行の破綻処理、さらには法案策定等に関する与野党協議で中心的役割を演じた。

†ハードランディング

野党が押し通した特別公的管理のスキームと、政府案のブリッジバンク方式との比較をしておきたい。

特別公的管理（一時国有化）は、国が無償で金融機関の全株式を取得し、国というオーナーの管理の下で、最終受皿に破綻金融機関を譲渡するまでの間、業務を続けるというものである。金融機関は破綻し、株式の価値はゼロとなり、株主責任が追及される。言わばハードランディング的手法である。

一方、政府・自民党案のブリッジバンク方式は、国が定める金融整理管財人の下で、最終受皿にその金融機関を譲渡するまでの間、業務を続けるというものである。この方式では、株主責任は追及されない、言わばソフトランディング的手法である。

しかし、破綻か否かという点の違いは大きい。預金者は銀行の破綻に対して、敏感に対応し、預金などの引き出しである取付けが発生するリスクは高い。

もっとも、いずれも最終受皿が見つかるまでのつなぎであり、業務も継続する点で共通している。さらにブリッジバンクで事業譲渡方式を取ると、巨大銀行の譲渡は大変な事務負担が発生した可能性はあった。いずれにせよ、当時の与野党協議の中で与党案は野党案に取り込まれ、与党案は事実上消え去っていた。

この間、金融再生法には最終局面で大蔵省が強く野党に働きかけ、ブリッジバンク方式も選べるように書き込まれた。それに基づき、2002年3月、石川銀行（2001年12月破綻）、中部銀行（2002年3月破綻）の破綻処理のためブリッジバンク（承継銀行）を預保の子会社として設立した例がある。ただ、同方式は事業譲渡で行われたこともあり、債権・債務、担保権の移転等に手間、費用がかかった。

ブリッジバンク、一時国有化の両方の方式は、時限立法だった金融再生法が廃止になった後も預金保険法に盛り込まれ、ともに恒久措置となっている。一時国有化は規模の大きい銀行、ブリッジバンクは規模の小さな銀行、それぞれ破綻処理に用いられる。

拓銀処理と長銀処理とを比較すると、拓銀の場合は、①最終受皿の選定が付け焼刃で、受皿選定の基準もない。ただし、当局の意向は重い、②ビジネスモデル等（業務、店舗等）は当局が決定し、暖簾（その金融機関への信頼感）の維持といった観点は欠落、③借り手保護といった発想はなく、連鎖倒産も広範に発生するなど経済を下押し、④この結果、破綻処理費用も高くつく。

一方、長銀（特別公的管理）の場合は、①最終受皿は入札で決定され、透明性が高い、②ビジネスモデル等は最終受皿が決定するので、合理的、③最終受皿が決まるまで業務は継続され、また暖簾維持の観点から貸出回収、資産売却に走ることもない。

このように、長銀処理策は拓銀のケースに比しては、大きく改善している。しかし、いずれも危機時における大手銀行の破綻処理であり、莫大な処理費用すなわち公的資金を費やしたほか、金融危機を増幅した点は同じである。

†金融債の保護問題

長期信用銀行（長信銀）はよくも悪しくも高度成長期を体現する銀行であった。戦後復興の下で資金需要は盛り上がり、産業界を中心に、長期金融を担う金融機関の必要性が叫ばれた。1952年に長期信用銀行法が制定された。かつて特殊銀行から普通銀行に転換した日本勧業銀行（勧銀）と北海道拓殖銀行（拓銀）は普通銀行にとどまる一方、日本興業銀行（興銀）は長信銀に転換した。また、同年に勧銀と拓銀が日本長期信用銀行（長銀）を設立、旧朝鮮銀行社員が清算で残った財産を元に日本不動産銀行（後の日本債券信用銀行）を57年に設立した。

しかし、1973年の第一次石油危機を契機として、日本経済が低成長に移行する中、企業の資本市場調達が趨勢的に増加、長信銀制度は歴史的使命を終えていた。

ところが、1980年代後半に至り、バブルという追い風が吹いた。地価は上昇を続け、長信銀もチャンス到来として、関連ノンバンクも動員して、不動産融資を拡大した。長信銀各社はこの時期、行き詰った長信銀制度をどう変え、今後どう生きていくかを真剣に検討すべきであったが、バブルの発生で思考停止した。

長信銀のセーフティネットはまったく未整備であった。これは長信銀制度からすれば当然のことのようにも思われる。長信銀は債券を発行し、長期・固定金利の貸出を行っていた。預金業務も決済業務も取扱いはほとんどなく、言わばノンバンクであった。

債券は、長期の「利付債」と短期の「割引債」があり、利付債は金融機関が保有し、割引債は個人が無記名で保有する形態が多く、資金源を預金に頼る都銀とはかなり異なった。

金融債は預金保険の対象外であった。銀行の定期預金の預入期間は最長3年と規制されていたほか、普通銀行による普通社債の発行が解禁されたのは長銀、日債銀が破綻した後の1999年10月のことであった。この間、唯一の外国為替専門銀行であった東京銀行は例外的に金融債が発行できたが、三菱銀行との合併後は新規発行が止められた。

この間、長期プライムレート（優良企業に対する期間が1年以上の貸出金利）は長信銀が発行する5年もの利付金融債の表面利率に0・9%を上乗せした水準となっていた。

金融債を預金保険の対象とするかどうかについては、水面下では色々議論が行われた。長銀、日債銀はその安定消化の観点から、金融債を預金保険の保護対象にすることに比較的前向きであったが、興銀は金融債を預金保険の保護対象にすると長信銀に対する信任が傷つき、却って長信銀の信用不安を招くと反対論を展開した。

筆者は、個人的には先行き長信銀の破綻もありうると思われるため、処理方法のメニューは多い方がよいと考え、預金保険の対象とすべきと考えていた。

その後、不良債権問題の深刻さは増し、金融債の消化に支障が生じる中、金融債が預金保険の保護対象になっていないと、預金や貸付信託に比べ商品性が不利になるとして、興銀も金融債を預金保険の保護対象にすべきとの主張に変わった。

こうして、2000年の預金保険法改正により、保護預かり専用商品に限って金融債は預金保険の保護対象となった。保護預かりとは、顧客には金融債そのものは渡さず、通帳や証書のような形で残高を表示する方法である。もっとも、長銀破綻時には、金融債も含め全債務が保護された。ちなみに、長銀破綻時の総理談話において、「預金、金融債、インターバンク取引、デリバティブ取引等の負債は全額保護され、期日通り支障なく支払われるとともに、善意かつ健全な借り手への融資も継続される」と債務の全額保護が記されている。

全債務保護の下、長銀の破綻処理で投入された公的資金（税金）は3兆2000億円にのぼった。大蔵省が交付国債を預金保険機構に渡し、機構が必要に応じて現金化する形をとり、形式的には預金保険の特別資金援助が実施されたのだが、破綻処理費用の多くは公的資金で賄われた。

長銀の不良債権問題を遡ると、源流は、1971年に長銀第4代頭取に就任した杉浦敏介氏に行き着く。78年に会長に退いたが、89年まで会長を務めた。杉浦氏は、規模拡大のために、強力なリーダーシップを発揮した。とくにノンバンクについては73年、経営不振に喘ぐリコー系ノンバンクである日本リースを傘下に収め、銀行の別動隊として不動産融資を積極的に増やした。日本ランディック、エヌイーディーといった系列ノンバンクも同様に急膨張した。

また杉浦氏は、融資基盤の多様化、強化を狙って、不動産、流通、サービスといった新興勢力との取引親交を進めた。杉浦氏は、異色の経営者として急成長していたイ・アイ・イ・インターナショナル・グループの高橋治則社長（東京協和信組理事長）も積極的にバックアップした。こうした急膨張が裏目に出て、バブル崩壊の下で多額の不良債権を抱えるに至った。

†日債銀の連鎖破綻

日債銀は長銀を追いかけるかたちで1998年12月13日、金融再生法に基づく特別公的管理銀行として一時国有化された。その際、3兆円にのぼる公的資金が破綻処理に充当された。2000年9月にソフトバンク、オリックス、東京海上火災保険等から成る投資グループに売却され、01年、あおぞら銀行に商号変更した。

日債銀の転落の軌跡を振り返ってみよう。バブル経済当時、ワンマン経営の勝田龍夫氏（1969年から18年間頭取、会長を務めた）の後継として頴川史郎氏（興銀を経て1964年入行）が1982年に頭取に就任した。頴川氏もまたワンマンぶりを発揮、融資拡大の大号令をかけた。日債銀の不動産向け融資は大幅に増加し、関連ノンバンク3社（クラウン・リーシング、日本信用ファイナンス、日本トータルファイナンス）も、不動産向け融資を大きく伸ばした。大蔵省による「総量規制」（1990年3月〜91年12月）導入後も、関連ノンバンク経由は規制の対象外であったため、関連ノンバンク3社経由の不動産向け融資は、さらに増大した。

こうした拡張政策が裏目に出て、バブル崩壊の下で不良債権が大幅に増加した。とくに関連ノンバンクの資産内容悪化が目立ち、1992年9月、融資を受けていた金融機関からはやくも金利減免を受けることになった。

減免後の金利水準は、日債銀0％、大手行4％、一般行4・75％（短期プライムレート）、農協系統減免なし、であった。当時、関連ノンバンクに問題が生じた場合は、母体行が責任をもって対応するという、いわゆる母体行主義が主流を占めていた。

日債銀の関連ノンバンクについては、母体行が金利をゼロにするといった収益支援を行い、責任の履行を明らかにしていた。ただ、大手行、一般行から金利減免を受けており、完全母体行主義は崩れていた。また、母体行が金利をゼロにすることは、関連ノンバンクの経営に先行き問題が生じた場合、追加支援の余地が事実上なくなったことを意味している。実際、4年半後の1997年4月、業況不振に陥った関連ノンバンク3社は清算に至った。

なお、農協系統は減免なしとなっていたが、日債銀は後発の長信銀であり、金融債の引き受けを農協系統等に依存していたこと、関連ノンバンクにとって収益とともに資金繰りが重要であり、仮に農協系統が融資を引き揚げると、関連ノンバンクはサドンデス（即時倒産）となることによるものである。

奉加帳方式の日債銀再建策

日債銀は92年に関連ノンバンクへの金利減免策を実施したあと、大蔵省で国税庁長官を務めた窪田弘氏を1993年に頭取として招いた。にもかかわらず、関連ノンバンクの業況はさらに悪化、本体の経営も厳しくなり、97年3月末の自己資本比率は国内基準4％を下回る水準まで低下した。同年4月、①関連ノンバンク3社の法的整理、②海外業務からの撤退、③4600億円に上る不良債権の引当、償却、④日本銀行、民間金融機関による約3000億円の第三者割当増資等の再建策を公表した。大蔵省と水面下での協議をしたうえでの「再建策」で、銀行局の中井省審議官が増資に関し民間金融機関に根回しした。

金融機関による増資引受については金融機関に不満がくすぶったが、仮に拒否すれば、日債銀を破綻に追い込んだ責任を問われかねない。表立って拒否する金融機関はなかった。このため日債銀の増資引受は東京共同銀行の株式引受と並び、金融界では奉加帳方式と呼ばれている。

†長銀・日債銀の刑事責任追及と時効の壁

長銀、日債銀の破綻に際しては、いずれも旧経営陣が粉飾容疑で逮捕され、一審、二審で有罪判決を受けたものの、最高裁で判決が覆った。いわゆる、長銀事件、日債銀事件である。両者は共通する部分があるので、まとめて整理する。

長銀事件では、1992年、ドン杉浦敏介元頭取は9億7000万円もの退職金を手にしたが、時効により刑事訴追を免れた。このため、退職金返還要求が高まった。杉浦氏は抵抗したが、最後には2億円を返還した。こうした中、99年6月東京地方検察庁特別捜査部（東京地検特捜部）は、粉飾決算容疑で大野木克信元頭取ら長銀旧経営陣3名を逮捕した。2002年9月、一審・東京地裁は有罪判決、05年6月、二審・東京高裁は控訴を棄却し、有罪とした。しかし、2008年7月、最高裁は一審、二審の判決を破棄し、無罪判決を下した。日債銀破綻のA級戦犯とされた穎川史郎氏も、時効により刑事立件を免れ、約6億円に上る退職金返還要求については同意したものの、07年に返還の事実は不明のまま死去した。

日債銀事件では1999年、窪田弘元会長、東郷重興元頭取、岩城忠男元副頭取の日債

銀旧経営陣3名が粉飾決算による証券取引法違反の容疑で、東京地検特捜部に逮捕・起訴された。2004年5月、一審・東京地裁は3名に対し有罪判決、07年3月、二審・東京高裁は3名に控訴棄却・有罪を言い渡した。上告を受けた最高裁は09年12月、二審判決を破棄、差し戻し、11年8月、東京高裁は無罪判決を下し、無罪が確定した。

†長銀、日債銀裁判の争点

問題となったのは、いずれも1998年3月期決算であった。その前年3月に、大蔵省から新たに資産査定通達（「早期是正措置制度導入後の金融検査における資産査定について」）が発出され、会計基準が厳格化された。ポイントは、この新基準が「唯一の公正な会計慣行」か、旧基準に基づく自己査定が「不良債権隠し」に当たるか、という点であった。

当時の商法には、「商業帳簿ノ作成ニ関スル規定ノ解釈ニ付イテハ公正ナル会計慣行ヲ斟酌スベシ」（第32条第2項）との定めがあった。「斟酌スベシ」とは公正な会計慣行がある以上は、特別の事情がない限りは、それに従わなければならない趣旨と解されている。（『資料版／商事法務』2011年10月号「旧日本債券信用銀行　証券取引法違反事件差戻控訴審判決――東京高判平23年8月30日」）

銀行の決算は1982年に大蔵省銀行局長が発出した通達「決算経理基準」に従うもの

とされていた。当時引当・償却といえば、通常は無税を指す時代であった。決算経理基準での無税償却は税法基準（法人税法・基本通達）が引用されていた。

実際は、銀行の場合、税法において無税償却・引当が認められる要件を充足した貸出について、「不良債権償却制度」に基づき、金融証券検査官の償却証明を得て引当・償却を行った。さらに、問題金融機関については、大蔵省が決算を事前にチェックする決算承認制度を実施していた。こうした中、銀行が支援を行っている取引先に対する貸出は、償却・引当を行わない扱いであった。

銀行が債務者を支援するということは、銀行が存続する限り、債務者が破綻する可能性は低いということである。このため税の立場からは、破綻する可能性が低い支援先に対する与信にかかわる無税での引当・償却は、利益圧縮に当たるとされ認められなかった。なお、与信先に対する支援に関連し、金利減免に関わる収益支援部分や債権放棄も合理的な再建計画の存在を前提に、損金参入が認められる。一方、これら支援先向け与信は無税での償却・引当が認められない。

大蔵省は行政の透明性を確保しつつ金融機能回復を図るため、金融監督の見直しを行った。1998年4月から早期是正措置を導入することとし、その前年3月に新たな資産査定通達を発出した。これに伴い、不良債権償却制度を廃止するとともに、決算経理基準を改正し、税法基準の引用を改め有税・無税を問わず、新基準で定める額を引当てることを求めた。ただし、税法規準による無税償却制度は残った。

一審、二審では、新基準が唯一の公正な会計慣行とされた。一方、最高裁は、こうした過渡的な状況の下では、ただちに新基準を適用するには明確性が乏しい。これまで公正な会計慣行として行われていた税法基準の考え方によったことは違法ではない、というものであった。

†スケープゴート

以上の点を踏まえ、筆者の個人的見解を3点ほど付言したい。

第1に、有税、無税を問わず、必要な引当、償却を行うことを謳った新基準は、国際的にも通用し、考え方としては妥当なものである。また、透明性の高い銀行監督制度への移行も妥当と言える。むしろこうした制度への変更の遅れこそが問題であった。

第2に、新会計基準が唯一の公正な会計慣行という市民権を得ていたとはいえない。決算承認制度は1996年まで、不良債権償却証明制度は1997年7月まで実施されていて、それと並行するように97年3月に会計制度を変更したので、長銀と日債銀が粉飾とされた98年3月期から決算に反映しろと言われても、あまりに急な展開であり、準備も追いつかない。

例えば、融資先への支援を継続するか、支援先をどう整理するかも急ぎ検討する必要があった。このため、1998年3月期決算においては、大手銀行18行中14行（長銀、日債銀を除く）が、旧基準を用いていた。このことからも、新会計基準が実態として唯一の公正な会計慣行として定着していたとは言えない。さらに、税効果会計も未導入であった。これは企業会計と税務会計のズレを調整する重要な会計ルールである。これが何の議論もなく、未導入のまま放置されていた。

第3に、本当の経営責任は誰にあるのか、という問題である。捜査当局は長銀も日債銀も、最後の経営陣を粉飾決算容疑で逮捕し、司法当局は一審、二審で有罪判決を下した。両行とも真に経営責任を負うべき戦犯が誰かは、周知のことであった。破綻処理には多額の税金が投入される。しかし時効はわずか5年であり、これでは短かすぎないか。加えて、「真の戦犯」の代わりに現経営陣を粉飾で逮捕するというのは、国民を欺くことになりはしないのか。

この種の重い経営責任の時効については、多額の公的資金を投入していることもあり国民負担の観点から期間等を含め何がしかの検討、議論があってしかるべきと思われる。

†貸付信託に膿がたまる

住専問題が不良債権の焦点であるとの認識は日銀にも強くあった。企画局長から営業局担当の理事になっていた小島邦夫氏（理事在任は1992年2月3日―96年2月2日）の指示だったと思うが、93年ごろ、営業局は金融機関に住専向け貸出額の提出を求めるとともに、ヒアリングを行うなどのモニタリングを行っていた。

営業局から話を聞くと、住専への貸出額の多さからみて、住専問題は結局は長信銀と信託銀行の問題という印象を受けた。そこで信託銀行の経営中枢部署である業務部にいた古くからの知人に、信託問題について意見交換をお願いした。その結果、信託問題は端的に言えば貸付信託の問題であり、以降、筆者は貸付信託に絞って対応策の検討を行った。信託銀行は、元々店舗が少なく、収益力も弱かった。1952年に業界要望を受けて登場したのが貸付信託であった。貸付信託の預け入れ期間は2年と5年の長期の商品で、長信銀なら利付金融債（利金債）に相当する商品だが、利金債が固定金利なのに対し、貸付信託は半年ごとに金利を見直す変動金利商品だ。都銀の半年の定期預金よりも高利回りとあって、人気を集めた。

信託商品は実績配当が原則であるが、貸付信託は元本補塡が行われた。貸付信託は予定配当率の名の下で、預け入れた時に提示された配当率（利回りに相当）で実際の配当（利払いに相当）が行われる。その上、預金保険制度の対象となるユニークな存在であった。

貸付信託で集められた資金は、長期設備資金貸付で運用された（貸出も変動金利）。オイルショック後の80年代の低成長期になると、企業の設備資金需要が後退した。長信銀と同様、信託銀行も運用難の中で、住専向け貸出が大幅に増加した。貸付信託は月に2回の募集期間（6～20日と21～翌月5日）があり、半年ごとに決算されるので12のユニットがある。顧客から預かった資金は募集期間中のユニットに預けられ、同一ユニットごとにまとめて運用され、合同運用と呼ばれた。

貸付信託は元本補塡契約なので、損失が出た場合に備えて、貸付信託の収益から特別留保金を積み立てていた。元本が毀損した場合は、特別留保金を取り崩し、損失を埋める。それでも損失が埋まらない場合は、元本補塡契約に基づき、銀行勘定の自己資本で補塡する。特別留保金は自己資本比率を算定する際には広義の自己資本と扱われていた。以上のような商品設計の下で、貸付信託の問題点は以下の通りである。

第1に、運用難の中、住専向け貸出等を大幅に増やした。それが不良債権になっていった。

第2に、住専向け貸出は、ユニットごとの分布にバラツキがある。ユニット間格差の発生は回避したいが、ユニット間あるいは銀行勘定への債権の移動は認められない。

第3に、特別留保金の取り崩しは、貸出の直接償却にかかわるロス処理に限られた。直接償却とは法的整理等でロスが確定し、貸出残高、すなわち貸借対照表から償却対象の貸出しを切り離すものである。また配当のために、特別留保金を取り崩すことは、元本補塡ではないので認められないというのが通説であった。このように特別留保金は使い勝手が悪い。

†脱・貸付信託を進め、最後は廃止に

貸付信託は、根強い人気があったが、設備投資資金を産業界に供給するという歴史的な使命は終えていた。それどころか、住専向け貸出が貸付信託に集中しており、経営問題に発展していた。これを打開するには貸付信託を廃止することが最善の選択であるように思えた。そこで、筆者は個人的見解として貸付信託の早期廃止を大手信託銀行のいくつかに打診してみた。貸付信託問題は十分意識されていて、各行とも、いつかは廃止することは想定していた。

信託銀行界では、1993年10月に貸付信託の資金を受けるための商品として、3年物変動金利定期預金を導入していた。長期の変動金利預金は元本保証があり、貸付信託に類似した商品であった。信託銀行各行は、収益アップの狙いもあって貸付信託の予定配当率

を徐々に引き下げ、貸付信託への資金流入を抑制しはじめていた。

こうしてみると、新型預金の導入は、事実上貸付信託の一部撤退であったとみることができる。そして、2000年5月の日本信託を皮切りに、各信託銀行は貸付信託の取り扱いを停止していった。

貸付信託の募集停止（最終設定日）は次の通り。

・日本信託銀行　2000年5月
・三菱信託銀行　2年もの2002年4月20日　5年もの2005年3月20日
・UFJ信託銀行　2005年6月20日
・みずほ信託銀行　2006年3月20日
・中央三井信託銀行　2009年9月20日

このように2009年9月21日以降すべての信託銀行で貸付信託の新規取扱いが停止し、14年9月20日までにすべての契約が満期償還、完全に消滅した。貸付信託の廃止は次のように行われた。

まず、貸付信託の新規募集をやめる。この間、期日の到来した貸付信託の継続は行わず、新たに導入した変動金利付き預金に預け替えしてもらう。信託銀行が満期前に買取ることも可能であるが、未経過収益、買取手数料等を要し、配当が減額されるので、満期保有の方が受益者にとっては有利である。一方、期日の到来した貸付けは回収する。その際、銀行勘定から新規に貸出を行う。この場合、貸付信託が消滅するには5年かかる。

このようにして貸付信託の幕引きを図りつつ、貸付信託勘定の住専向け貸出を期限の到来したものにつき銀行勘定に移していった。信託銀行が長信銀と違って破綻がなかったのは系列の都銀が存在していたこともあるが、主力商品である貸付信託との決別を想定し、受皿である新型定期預金を先行販売する業界のまとまりも無視できない。

†幻の日本信託銀行の破綻処理

筆者は、貸付信託問題がソフトランディングできず、信託銀行のなかに破綻処理をしなければならないところが出てくることも念頭に、いざという時に備え、制度、実務の勉強をした。三菱銀行は系列の日本信託銀行の再建に手を焼いていた。同行は日本信託問題に決着をつけるため、預金保険の資金援助を前提に破綻処理を視野に入れていた。筆者は三菱銀行と非公式に意見交換した。筆者は、預金保険を用いた信託銀行の処理について説明した。その際、貸付信託の廃止で学んだことが非常に役立った。

もしも破綻処理しなければならない信託銀行が出てきたら、まず、貸付信託勘定のロス処理には特別留保金を取り崩す。仮に特別留保金で足りない場合、銀行勘定の自己資本を

図表5　信託銀行の再編

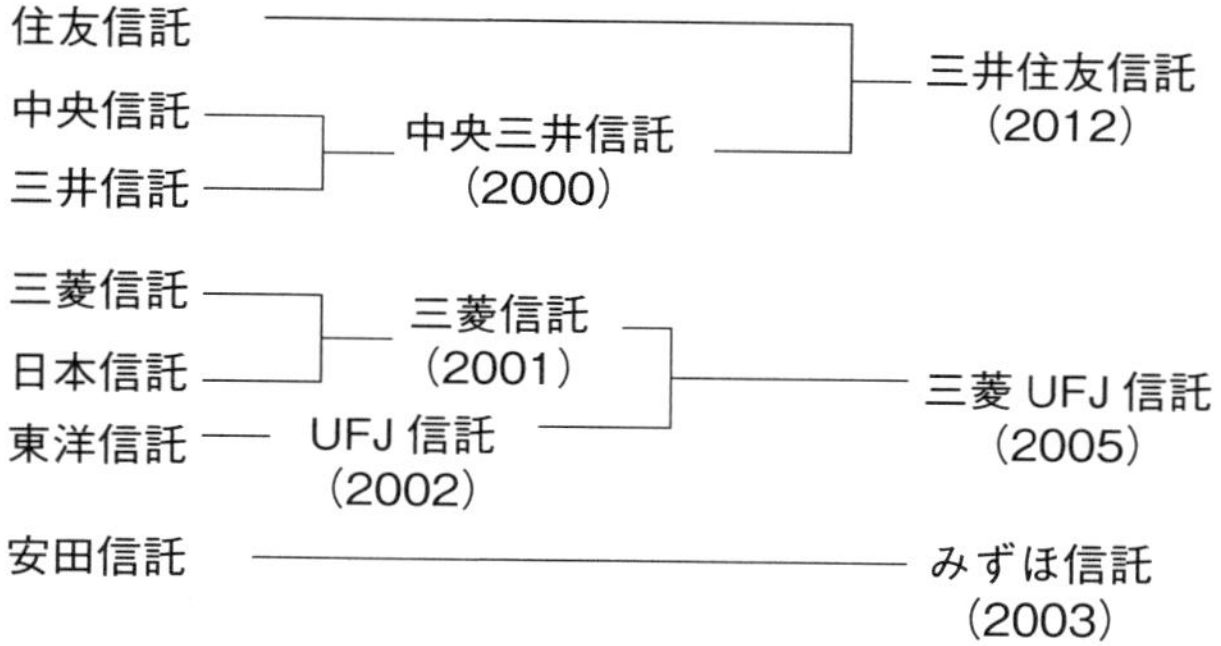

取り崩す。さらに全体として債務超過に陥った場合は預金保険の資金援助を使う。

もちろん、預金保険の資金援助を発動する場合、ペイオフコストを上回ってはならない。その計算には、元本保証付きの長期変動金利預金とともに貸付信託を含める。

預金保険の資金援助を活用して日本信託銀行を破綻処理する案は、大蔵省内では銀行課長はOKしたが、西村吉正銀行局長が反対した。西村氏の考えは「三菱銀行は東京銀行と合併し、日本信託も手に入れ、しかも後者は預金保険・資金援助付きというのでは、銀行界の反発を招く。銀行界のとりまとめを行う仕事（頭取が全国銀行協会連合会の会長ポスト）に就いたとき、支障が生じることになるのではないか」というものであった。大蔵省の西村銀行局長の考えは三菱銀行の若井恒雄頭取に直接伝えられた。頭取はこれを静かに聞き入れた。筆者が説明した処理策は幻となった。

三菱銀行は1996年4月、東京銀行と合併（東京三菱銀行）し、これにより、外国為替専門銀行は消滅した。

日本信託銀行は1927年、東京川崎財閥下で川崎信託として設立され、戦後の財閥解体に伴い日本信託に改称。47年、母体の第百銀行を吸収していた三菱銀行の援助を受け、日本信託銀行に改称した。94年、日本信託銀行はバブル崩壊の影響で経営難に陥り、三菱銀行が60％まで出資比率を引き上げ、子会社化した。その3年後、東京三菱銀行の100％出資の完全子会社となり、2001年、同行の持ち株会社、三菱東京フィナンシャル・グループ（MTFG）への株式移転を経て、同年10月三菱信託銀行に吸収合併された。

信託銀行はかつては7行あったが再編が進み、現在は三菱UFJ信託銀行、三井住友信託銀行、みずほ信託銀行の3行となっている。

第六章

遅すぎた特効薬「公的資金」

†タブーへの再挑戦

1997年から98年にかけての日本は、金融システム面、実体経済面で次々に問題が発生した。すでに詳しく見てきたように、金融システム面で、97年11月三洋証券の破綻を契機として拓銀、山一證券が倒れ、98年には長銀、日債銀と大手金融機関の相次ぐ破綻で、金融の安定が急務だった。実体経済面は、97年4月消費税引上げ(3%から5%)、7月にタイから始まったアジア通貨危機、98月7月ロシア財政危機と、どれも大きな成長下押し要因となった。

こうした中で、住専問題でタブー視されるようになった公的資金の銀行への投入問題が再び浮上した。議論のリード役は宮澤喜一元首相と梶山静六元官房長官であった。宮澤氏は公的資金の投入問題では2度目の登場となる。1度目は1992年8月。当時は総理大臣だった宮澤氏は、自民党軽井沢セミナーで金融機関への公的資金投入について発言した。バブル崩壊を背景に、地価・株価といった資産価格が大幅に下落する中、金融機関が抱える担保不動産の流動化を促進するため「必要なら公的支援もやぶさかではない」と発言した。

しかし、公的資金投入発言は、官界、メディア、経済界、そして金融界から強い反対を受け、宮澤構想は撤回を余儀なくされた。

金融機関への公的資金投入については、その後しばらく口に出す人はでてこなかった。だが、金融危機に陥った1997年、公的資金投入を提唱したのは宮澤元総理と梶山静六官房長官であった。宮澤氏は同年11月に橋本龍太郎政権下で、自民党緊急金融システム安定化対策本部長に就任し、タブー視されていた公的資金論に再びトライしていた。

宮澤氏の構想は、預金保険機構が金融機関の破綻に備えて財源を確保するため債券を発行し、政府がこれを保証する。そして、その債券は資金運用部が引き受けるというものであった。橋本総理は公的資金論に慎重であったが、この方式であれば、橋本内閣が推進してきた財政構造改革路線にも矛盾しないと宮澤氏は考えた。

一方、梶山構想は金融機関の自己資本増強を図るため、国の一般会計から財政資金を投入する。これにより金融不安を一掃するというものであった。具体的には、政府が保有する日本電信電話（NTT）株式を担保に10兆円の新型国債を発行し、これを財源に金融機関の自己資本を充実させるというものであった。

梶山氏は、公的資金が単なる見せ金にならないよう、財源問題にはこだわりをみせた。こうした中、宮澤氏が梶山氏との調整に乗り出した。宮澤氏の提案は、政府は国債を交付する、この交付国債はいつでも現金化できるものとする、というもので、これで決着した。

これまで交付国債は、第2次世界大戦後の戦没者や引揚者に対する弔慰金、給付金として金銭の支給に代えて交付されたことがあった。類似のものとしては、国際機関への資金拠出の際に使われる出資国債がある。出資国債には金利はつかず、交付先の求めに応じて現金化される。このため、国債発行段階での財源手当は不要である。

なお、梶山氏は、公的資金を出資しても、不良債権が減少しなければ意味がないとして、ディスクロージャー（情報開示）の徹底、不良債権の引当・償却強化・分離を推進するとした。政府・自民党は「梶山構想」を基本として、30兆円の公的資金枠を設定することにした。

†第1次公的出資が極端に少額だった理由

1998年3月、金融安定化法に基づき、第1次公的出資が実施された。預金保険機構内に優先株式等の引受に関わる審査、重要事項の決定を行う金融危機管理審査委員会が設置された。委員は学識者として佐々波楊子慶応義塾大学教授、小堀樹日本弁護士連合会会長、今井敬経済団体連合会会長の3名に、大蔵大臣、金融監督庁長官、日本銀行総裁で構成された。

金融安定化法に基づく公的資本の申し込みは、都銀9行、長信銀3行、信託銀行6行、地方銀行3行の合計21行の、合計1兆8156億円にとどまった。都銀は、第一勧業銀行、東京三菱銀行、さくら銀行、住友銀行、富士銀行、三和銀行、東海銀行、大和銀行、あさひ銀行の9行、各1000億円でいずれも劣後ローンまたは劣後債。第1次公的出資は申込み金額が小さく、多額の枠余り（枠＝13兆円）が発生したこと、および各行横並びであったことが特徴である。出資が低調だったのは、次のような理由によるものと考えられる。

金融安定化法に基づく第1次公的出資は、世の中では貸し渋り対策が強く意識されており、出資を受けられる金融機関は建前としては「健全な」先とされていた。このため、金融機関は公的出資を機に政治等による銀行への経営介入が強まることを警戒し大規模な額の申請をためらった。また、資本調達額が多いと、不良債権額が多く、経営内容が悪いのではないかとマーケットで受け止められ、預金流出につながることをおそれた。

最も健全と見られていた東京三菱銀行は申請を見送ろうとしていた。資本調達力の乏しい銀行とともに公的資本を申請した挙句、政治・当局の経営介入を受けるのは叶わないというのが東京三菱の言い分であった。東京三菱が申請を辞退すると、市場では増資申し込みは不健全な先と受け止められかねないとして、大蔵省は東京三菱を繰り返し説得した。最後はお付き合い程度にと東京三菱銀行が1000億円だけ申請することとした。

長銀、日債銀をはじめ他の大手銀行の中にはもっと多額の申請を望んでいた銀行もあったが、金額が大きいと実態は過小資本であることを公言するようなものであり、マーケットからのアタックを受けやすくなるのではないかと考えた。この結果、少額でほぼ横並びの申し込み結果になった。

図表6－1　第1次公的出資

銀行名	劣後債・劣後ローン		優先株式	合計
	期限付	永久		
東京三菱		1000億円		1000億円
第一勧業			990億円	990億円
さくら		1000億円		1000億円
住友		1000億円		1000億円
富士		1000億円		1000億円
三和	1000億円			1000億円
東海		1000億円		1000億円
大和		1000億円		1000億円
あさひ		1000億円		1000億円
日本興業	1000億円			1000億円
長銀		466億円	1300億円	1766億円
日債銀			600億円	600億円
三菱信託		500億円		500億円
住友信託		1000億円		1000億円
三井信託		1000億円		1000億円
安田信託		1500億円		1500億円
東洋信託		500億円		500億円
中央信託		280億円	320億円	600億円
横浜		200億円		200億円
北陸		200億円		200億円
足利		300億円		300億円
合計	2000億円	1兆2946億円	3210億円	1兆8156億円

預金保険機構年報を基に作成

早期健全化法――大規模な注入に成功した第2次公的出資

1998年3月の第1次公的出資が低調に終わり、その後、長銀、日債銀の破綻があり、大手銀行も資金が大幅に流出した。こうしたこともあって、同年10月に成立、施行されたのが「金融機能の早期健全化のための緊急措置に関する法律」（早期健全化法）である。筆者の印象では、この時期の大手銀行の資金繰りは最も厳しかった。

早期健全化法に基づく第2次公的出資を巡る特徴についてみていく。

第1に、破綻回避のための資本注入（資本不足の金融機関に対し、破綻前に公的出資を行い、破綻を回避する）がおおっぴらに認められたことが最大の特徴であった。第2次公的出資では金融機関の過小資本対策の色彩が強まり、金融安定化法の参画要件であった「健全行」は削除された。

金融機能安定化法により公的出資が実現し、金融システム安定化のためのツールはとりあえず整っていた。しかし使い勝手、利用状況等の効果からみて、1998年10月の早期健全化法による破綻回避の資本注入が金融システム安定化策としては意味のある、そして有効な制度であった。

第2に、公的出資の規模を拡大する手立てが講じられていることであった。まず公的資金枠である。早期健全化法に基づき、預金保険機構内に早期健全化勘定が設置され（ただし2000年度末までの時限措置、その後2001年度末に延長）、公的資金枠は60兆円に増枠された。政府保証枠53兆円、交付国債7兆円とされた。引受の対象は、普通株式、優先株式、優先出資、劣後債、劣後ローンで、前回対比、資本性が高い普通株式が追加された。

以前は、公的資金についてモラルハザード回避のため、経営責任等条件を厳しくすべきとの声が強かったが、この頃状況は一変していた。例えば、経済戦略会議（内閣総理大臣直属の諮問機関、小渕内閣時の議長は樋口廣太郎アサヒビール会長）は、「資本注入を受ける銀行の経営責任は当面棚上げし、注入から3年後の経営改善状況を見て判断するよう」緊急提言を行った。メディアの見方もかなり軟化していた。

第3に、様変わりの銀行の行動である。以上のような種々の配慮に加え、大手銀行の資金繰り悪化、信用収縮の進行、企業金融の悪化といった環境変化は、大手銀行の資本増強姿勢に対して背中を押した。銀行の公的出資の申込は、平均的に申請額が大きくなり、バラつきの発生、銀行数の増加等、前回の公的出資とは様変わりの結果となった。

公的出資の申し込みを行った金融機関数は32行と大幅に増えた。都銀8行、長信銀3行、信託銀行5行、地方銀行16行、申し込まれた資本の合計額は8兆6053億円で前回（1兆8156億円）比4・7倍の著増であった。

都銀についてみると、金額が大きい順に富士銀行1兆円、第一勧業銀行9000億円、さくら銀行8000億円、三和銀行7000億円、東海銀行6000億円、大和銀行4080億円、住友銀行5010億円、あさひ銀行5000億円となっており、かなりの幅が生じた。東京三菱銀行は今回不参加であった。

†金融危機局面の変化

1999年3月の早期健全化法に基づく大型公的出資で取付けは沈静化した。ジャパンプレミアも縮小するなど、金融危機からの脱却という局面の変化を感じさせた。悪材料が

図表6-2　第2次公的出資

注入年月	銀行名	劣後債・劣後ローン		優先株式	合計
		期限付	永久		
1999. 3	第一勧業	2000億円		7000億円	9000億円
1999. 3	さくら			8000億円	8000億円
1999. 3	住友			5010億円	5010億円
1999. 3	富士		2000億円	8000億円	1兆円
1999. 3	三和		1000億円	6000億円	7000億円
1999. 3	東海			6000億円	6000億円
1999. 3	あさひ		1000億円	4000億円	5000億円
1999. 3	大和			4080億円	4080億円
1999. 3	日本興業		2500億円	3500億円	6000億円
1999. 3	三菱信託		1000億円	2000億円	3000億円
1999. 3	住友信託	1000億円		1000億円	2000億円
1999. 3	三井信託	1500億円		2503億円	4003億円
1999. 3	東洋信託			2000億円	2000億円
1999. 3	中央信託			1500億円	1500億円
1993. 3	横浜	500億円	500億円	1000億円	2000億円
1999. 9 11	足利			750億円 300億円	1050億円
1999. 9	北陸			750億円	750億円
1999. 9	琉球			400億円	400億円
1999. 9	広島総合		200億円	200億円	400億円
2000. 2	熊本ファミリー			300億円	300億円
2000. 3	北海道			450億円	450億円
2000. 3	日本長期信用			2400億円	2400億円
2000. 9	千葉興業			600億円	600億円
2000. 9	八千代			350億円	350億円
2000.10	日本債券信用			2600億円	2600億円
2001. 3	関西さわやか	40億円		80億円	120億円
2001. 3	東日本			200億円	200億円
2001. 4	近畿大阪			600億円	600億円
2001. 4	岐阜			120億円	120億円
2002. 1	福岡シティ			700億円	700億円
2002. 1	和歌山			120億円	120億円
2002. 3	九州			300億円	300億円
総計		5040億円	8200億円	7兆2813億円	8兆6053億円

行き着くところまで行ったのと同時に、好材料も生まれた。

まず悪材料の出尽くし。経営悪化が知れ渡っていた、いわゆるバッド・ネームの第二地銀が相次いで破綻した。1か月に1行というハイペースで破綻処理が進み、銀行破綻に「出尽くし感」が広がった。国民銀行（1999年4月破綻、本店所在地東京都）、幸福銀行（同年5月破綻、同大阪市）、東京相和銀行（同年6月破綻、同東京都）、なみはや銀行（同年8月破綻、同大阪市）、新潟中央銀行（同年10月破綻、同新潟市）、石川銀行（2001年12月破綻、同金沢市）、中部銀行（02年3月破綻、同静岡市）。東京、大阪に本店を構える銀行の破綻が目立った。

一方、好材料は、竹中平蔵経済相による金融再生プログラム（竹中プラン）が実施されたことである。一般に、ハードランディング的手法を用いたものと解されている。金融機関と債務者、双方に痛みを伴うものであったが、金融システム正常化に向けた再出発に必要だった。

†「不良債権問題解決を通じた経済再生」

竹中プラン誕生の背景についてみる。小泉純一郎首相は政権発足（2001年4月）後ただちに、不良債権処理の推進を政策目標に掲げた。しかし、事態はなかなか改善せず、また意見対立もあって、02年9月の第1次小泉内閣改造で総理は柳澤伯夫金融担当大臣を更迭、経済財政担当大臣であった竹中平蔵氏を金融担当大臣の兼務とし、不良債権処理の目標達成を急がせた。

竹中大臣は、「主要行の不良債権問題解決を通じた経済再生」を目指し、2002年10月、金融再生プログラムを作成した。前任の柳澤大臣は02年4月に予定されていたペイオフ解禁を強く意識し、中小金融機関の破綻処理を急いだ。また不良債権の圧縮策として、直接償却を掲げていたが、そのために法的整理を一気に進めると、経済に大きな影響を及ぼしかねない。従って、再建計画に基づく債権放棄が中心となるとの見方を示した。また公的資金投入はモラルハザードを招くとして反対を表明した。

一方、竹中大臣は、不良債権問題のターゲットを主要行に絞った。これは、

① 主要行で不良債権処理が進展すれば、国際的にアピールする

② 主要行の数が少なく、政策効果を明示しやすい

などによるものである。竹中大臣は、ディスカウント・キャッシュ・フロー(DCF)方式など会計基準の近代化・国際化を進め、税効果会計も導入した。そのうえでゾンビ企業の淘汰も念頭にバルクセール、デット・エクイティ・スワップ(DES)、企業再生ファンド等の活用など不良債権のオフバランス化を推進した。そして、それにより過少資本

となった銀行には公的資金を投入することを考えた。

不良債権のオフバランス化とは不良債権をバランスシートから切り離すので、信用リスクが遮断される。不良債権額も減るので市場の信認も改善する。不良債権を売却すれば、塩漬けだった担保不動産が動き出す。不動産のバルク（一括）売却により、売買が滞っていた不動産市場で取引が復活し、市場が生きかえり、地価の下げ止まりも期待できるといったメリットもあった。

†竹中プランの手法

竹中大臣が推進した新手法を整理しておきたい。

「ディスカウント・キャッシュ・フロー（DCF）方式」とは、収益資産の価値を評価する方法のひとつである。具体的には、ある収益資産（例えば不動産）を持ち続けた時、それがもたらす収益の累積額を、金利分を差し引いて現在価値を理論価格として計算するものである。資産が将来生み出す収益を現在価値に直して比較することで、資産を持ち続けるべきか合理的に判断することができる。

「繰延税金資産」とは、企業会計上の費用が、当期には税務上の損金として認められないが、将来には損金と認められると予想できる場合は企業会計上「前払い」したと考え、これを繰延処理することにより生じる資産である。要するに、払いすぎたと将来認められる税金を、資産として計上する手法である。

ゾンビ企業への対応も念頭に置き、不良債権をRCC（整理回収機構）、企業再生ファンドに売ることを推進した。

「バルクセール」とは、不良債権をまとめて投資ファンドに売却するものである。バルクセールはDCF方式による時価を基に売買される。債権の売却損は損金（無税）として計上でき、債権元本はバランスシートから切り離される。

「デット・エクイティ・スワップ（DES）」とは、債務の株式化だ。借り手は債務がなくなる一方、株式＝自己資本が増える。銀行は債権放棄という手法をとらずに、企業を支援できる。産業再生機構等の再生案件で広く利用されていた。

「企業再生ファンド」とは、投資家から集めた資金を原資として、金融機関から対象企業向け債権を買取るとともに、対象企業への出資を行うなどして、対象企業の再建を支援する。再建後、株式公開、株式譲渡等により得られた利益を投資家に分配するファンドを言う。

主要行の不良債権処理を推進するため、避けて通れなかった大問題はゾンビ企業への対応であった。ゾンビ企業とは、経営が実質的に破綻しているにもかかわらず、銀行等の支援によって生きながらえている企業を指す。ゾンビ企業としては当時、ダイエー、カネボウ、大京、兼松、熊谷組、いすゞ自動車、日商岩井等があった。主要行がゾンビ企業問題への対応に乗り出したのは、

① 日本のゾンビ企業問題は海外にも知られており、何らかの手を打たないと、海外での邦銀に対する信用が低下し、外貨調達に悪影響を及ぼすおそれがあった

② 主要行が合併・経営統合を進めるとゾンビ企業への貸出が膨れ、銀行経営に悪影響が及ぶおそれがあり、大口融資規制、独禁法に抵触する恐れもあった

③ 不良債権の基準が厳しくなり、ゾンビ企業向け貸出はディスクロージャー、引当の対象となる

などによる。ゾンビ企業は、規模が大きく、複数の銀行と取引を行っていた。金利減免等の支援はしていたが、銀行は基本的に処理を先送りしていた。

†不良債権の大幅減少

竹中プランで銀行も企業も相当の血を流したが、危機脱出に向かっていた。局面変化は、不良債権比率の大幅な低下に表れた。

金融再生プログラムでは、「2004年度に主要行の不良債権比率を半分程度に低下さ

図表6－3　主要行の不良債権（再生法開示債権）

		2002年3月期A	2005年3月期B	B－A（増減率）
金融再生法開示債権		28.4兆円	7.6兆円	△20.8兆円（△73.2％）
	破産更生債権	3.5兆円	1.1兆円	△2.4兆円（△68.6％）
	危険債権	13.0兆円	3.7兆円	△9.3兆円（△71.5％）
	要管理債権	11,9兆円	2.8兆円	△9.1兆円（△76.5％）
正常債権		29.9兆円	25.2兆円	△4.7兆円（△15.7％）
与信合計		32.7兆円	25.9兆円	△6.8兆円（△20.8％）
（不良債権比率）		（8.7％）	（2.9％）	（△5.8％）

金融庁資料を基に作成

せる」との目標を掲げていた。主要行の金融再生法で定められた不良債権比率は、02年3月期の8・7％をピークに、05年3月期には2・9％にまで大幅に低下し、目標を達成した。

主要行の不良債権残高は、2002年3月期に28・4兆円だったが、05年3月期は7・6兆円となり、20・8兆円、73％の大幅な減少となった。

内訳を見ると、破産更生債権が2・4兆円減、危険債権は9・3兆円減、要管理債権は9・1兆円減で、危険債権、要管理債権がいずれも大幅減少した。

金融庁が全国銀行を対象に行ったアンケート調査を基に作成した「不良債権の状況等」を用いて、不良債権の減少について分析してみよう。

2002年3月期から05年3月期にかけての

図表6－4　全国銀行の不良債権（金融再生法開示債権）の状況

（2002年3月期～05年3月期）

金融再生法開示債権	△25.3兆円
要管理債権	△10.6兆円
債務者の業況悪化等に伴う新規発生	9.8兆円
危険債権以下からの上方遷移	2.0兆円
正常債権化	△9.5兆円
返済等	△4.3兆円
危険債権以下への下方遷移	△8.7兆円
危険債権以下	△14.7兆円
債務者の業況悪化等に伴う新規発生	10.8兆円
要管理債権からの下方遷移	8.3兆円
オフバランス化	△33.8兆円

金融庁が全国銀行を対象に行ったアンケート調査を基に作成

全国銀行の不良債権は、25・3兆円の大幅減少となった。

その減少理由は、景気の持ち直しである。要管理債権で、正常債権化9・5兆円と、返済等4・3兆円の合計13・8兆円の減少は景気持ち直しによるものとみられる。

小泉政権下で景気は改善した。景気は2002年1月を底に07年10月まで、戦後最長の景気拡大を記録した（08年9月にリーマン・ショックが発生し、景気は再び調整局面に入った）。

債務者の業況悪化等に伴う新規発生が要管理債権で9・8兆円、危険債権以下で10・8兆円、合計20・6兆円増加した。従って、景気持ち直し効果は、多少慎重に見た方がよい。

そして、不良債権のオフバランス化効果である。売却や直接償却等の処理で、不良債権が銀行のバランスシートに計上されなくなった。危険債権以下で、オフバランス化は33・

8兆円の減少要因となっており、不良債権全体の減少にもつながった。

大蔵省の西村吉正元銀行局長は著書の中で、「金融再生プログラム後3年間の不良債権の減少要因はハードランディング路線による不良債権処理政策の成功というよりは主として景気回復およびそれに伴う債務者の返済努力による金融の正常化によるとみるのが適当であろう」(『金融システム改革50年の軌跡』)と述べている。筆者の見解とは、やや相違がある。

†金融危機対応措置の確立

2000年5月の預金保険法改正によって、日本でも破綻前の公的資金注入や破綻処理策を柱とする金融システム安定化策がようやく完成したとみることができる。預金保険法研究会『逐条解説　預金保険法の運用』(社団法人金融財政事情研究会)を参考としながら、具体的にみてみよう。わが国または地域の信用秩序維持に極めて重大な支障が生じるおそれがあると内閣総理大臣が認める場合、金融危機対応会議の審議を経て、①資本増強、②ペイオフコスト超の資金援助、③特別危機管理、を実行することができるようになった(預金保険法第102条第1項)。金融危機対応会議は内閣総理大臣を議長とし、内閣官房長官、内閣府特命担当大臣(金融担当)、金融庁長官、財務大臣、日本銀行総裁で構成される。

この対応措置に新しいものはなく、1997年の金融危機以降に実施済みのものばかりであったが、いずれも2001年3月末までの措置という時限制約があった。しかし、金融危機はピークアウトしつつあったとはいえ、金融危機対応措置が恒久措置として日本の法律できちんと明記されたことは、非常に重要である。恒久化することにより、先々の金融システム不安に速やかに対応し得るようになった。

金融危機対応は、システミック・リスクの程度に応じて、段階的に利用されることが予定されていた。

第1段階は第1号措置の資本増強（破綻前資本注入）である。この第1号措置が金融危機対応の基本形態と位置付けられる。

破綻金融機関または債務超過先は対象にできない。早期健全化法に基づく公的出資の手法を取り込んだものである。もともと異論が多かった金融機関の救済と破綻前の公的資金の資本注入が立法化されたのは、規模が大きい銀行は、預金保険・資金援助等の破綻処理費用が非常に大きく、投下資金も回収できないからである。

一方、資本増強の場合は投下資本の回収が可能であり、再建がうまくいけばキャピタルゲインも期待し得る。そのため、破綻する前に資本増強により処理する方が安上りで、国民に負担をかけずにすむのだ。危機対応とはいえ、民間金融機関は公的出資を機に政治等による銀行への経営介入が強まることを警戒する。そのため、民間の金融機関経営になるべく政府は関与しないやり方が望ましい。金融機関は存続するので受皿金融機関を探す必要がなくなる。またデリバティブなど複雑な金融取引を清算する必要も生じない。

第2段階は、第2号措置のペイオフコスト超の資金援助である。ペイオフ凍結解除前の特別資金援助にあたる。破綻金融機関または債務超過先が対象である。第2号措置によって預金が保護されるため、他の金融機関の預金者が動揺することが抑止されるほか、社債権者、一般債権者等も保護（全債務保護）される。金融システム不安の拡大防止効果がある。

第3段階は第3号措置の特別危機管理（一時国有化）である。破綻金融機関かつ債務超過先が対象となる。第3号措置は、金融再生法に基づく特別公的管理銀行の制度を踏襲するものだ。第1号措置または第2号措置では、システミック・リスクの防止に十分な対応ができない場合にとられる措置である。

財務面では、預金保険機構内に危機対応勘定が設置された。危機対応業務に必要な借入、債券発行について政府保証を付すことが可能となっている。この業務の財源は、事後的に金融機関から負担金の納付を受けることになっているが、こうした負担だけでは信用秩序の維持に重大な支障が生ずるおそれがある時は財政措置を講じることが可能となっている（預金保険法第125条）。

政府は、負担金のみで危機対応業務にかかわる費用を賄うとしたならば、金融機関の財務の状況を著しく悪化させ、信用秩序の維持に極めて重大な支障が生ずるおそれがあるときに限り、予算で定める金額の範囲内において、機構に対し費用の一部を補助することができる。米国では、システミック・リスク・エクセプションとして制度化されている。

米国でシステミック・リスク・エクセプションが初めて発動されたのは2008年9月、リーマン・ショック時のワコビア（本店所在地はノースカロライナ州、総資産6706億ドル、全米第4位の銀行持ち株会社）に対してであった。システミック・リスク・エクセプションの実施には連邦預金保険公社（FDIC）理事会および連邦準備制度理事会（FRB）理事会の2／3以上の賛成が必要だ。また、大統領との協議の上、財務長官が最小コスト原則（ペイオフコスト内での処理）を採用すると、経済や金融システムに重大な影響をもたらすと認識し、FDICによる最小コストを上回る支援がそうした影響を緩和すると判断したなら、FDICは最小コスト以外の方法を選択できるというものである。

†竹中改革による金融危機対応措置——りそな銀行の公的資本注入

２００３年、２つの金融機関（都銀1行、地銀協の加盟銀行が1行）が預金保険法第１０２条の適用を受けた。いずれも、監査法人から繰延税金資産の過大計上を指摘され、資産＝資本が大きく減額されることになったためである。りそな銀行が第1号措置による破綻前資本注入、足利銀行は第3号措置による特別公的管理、一時国有化だった。

りそな銀行は、都銀で唯一信託業務を兼営する大和銀行とあさひ銀行が２００２年に経営統合して発足した。

あさひ銀行は、１９９１年4月、旧貯蓄銀行から都銀になった協和銀行と、地方銀行から都銀になった埼玉銀行とが合併してできた協和埼玉銀行が92年9月に改称して誕生した。98年10月、あさひ銀行と東海銀行が経営統合（共同持ち株会社設立）を発表。２０００年3月、三和銀行が加わり、3行による金融持ち株会社設立を発表したが、あさひ銀行は離脱を決断し、この3行構想は消滅した。一方、大和銀行は01年12月、近畿大阪銀行、奈良銀行と、金融持ち株会社大和銀ホールディングスを設立。02年3月、りそなホールディングスに商号変更した。

あさひ銀行は、旧協和と旧埼玉の内部抗争から２００３年3月、埼玉県内の営業拠点と資産を埼玉りそな銀行に会社分割すると同時に、分割後のあさひ銀行が大和銀行と合併し、りそな銀行となったのだった。

再編後間もない2003年5月、りそな銀行は預金保険法第102条第1項第1号に基づく初の公的資本増強を受けることになった。これは03年3月期決算において、繰延税金資産の自己資本への算入額を他の都銀と同様、将来課税所得見積額（所得見積額）の5年分としていたのだが、りそなの監査法人、新日本監査法人からこれは過大計上であり、所得見積額の3年分が適当との指摘を受けたため、自己資本比率が国内基準の4％を下回る資本不足に陥るおそれが生じたことによるものであった（この資本増強はりそな銀行の要請によるものであったため、予防的公的資本増強注入と呼ばれる）。

小泉首相は預金保険法に基づき、金融危機対応会議（メンバーは首相、官房長官、財務相、金融担当相、金融庁長官、日銀総裁）を開催し、1兆9573億円の資本増強を行うことを決定した。本件は破綻ではないので、株主責任は問われなかった。

繰延税金資産計上の適正化、資本増強、公的資金投入などは、金融再生プログラム（竹中プラン）の実践とみることができる。繰延税金資産に関しては金融審議会（首相の諮問機関）で本格的見直し議論が進行中で、2003年3月期決算で「見切り発車的に厳格な適用をしたことは、妥当な判断とは言えない」（読売新聞）。「（りそなの決算をめぐって）金融庁が監査法人に圧力をかけたのではないかと問題となっている」（毎日新聞）といった報道指摘もみられた。

りそなの件を契機として、他の大手行は、過大な繰延税金資産から強制資本注入、の連想から一斉に増資に踏み切った。

なお、公的資本注入後、りそなは繰延税金資産の算入額を所得見積額1年分に変更した。りそなグループが資本注入の申請を行う際、以下の内容の経営健全化計画を首相（金融庁）宛てに提出した。

1　組織、人員のスリム化

関連会社（約50社）整理、役員退任（約100人）、職員年収の3割カット、人員の前倒し削減、店舗削減の上乗せ

2　不良債権比率を2年後半減、保有株式も半減

3　取締役を過半数とする指名、監査、報酬の3委員会を設けて、経営を監視、監督する

4　同社会長に細谷英二JR東日本副社長が就任

この外部から招かれた細谷氏をトップとした体制で、りそなは再建を果たしていく。

†竹中改革による金融危機対応措置――足利銀行の一時国有化

足利銀行は元々堅実な銀行であったが1978年、向江久夫氏が初の生抜き頭取となり会長を退くまでの19年間、ワンマン経営を行った。それまでは遠田淳、藤松正憲、関根太

郎の三氏を日銀から迎え入れ、その後興銀から岡一雄氏を迎え入れていた。

バブル経済の下で、向江頭取はボリューム拡大を図り、建設、不動産、旅館、ホテル、ゴルフ場、パチンコ、飲食業向けおよび系列ノンバンク向け貸出を大幅に増やした。系列ノンバンクの北関東リース、足銀ファクター、足銀リース、あしぎん抵当証券に対しては、本体では不適格な案件でも積極的に貸出を行った。

1989年、向江氏は全国地方銀行協会副会長に就任、翌年には足利銀行の預金は地銀業界第5位に躍進した。しかし、バブル崩壊の下で不良債権が増加、97年11月の山一證券の自主廃業の際には店頭に客が並ぶ取付けが発生した。親密先であった東京三菱銀行から1000億円の資金融通を受けたほか、地元の支援を受け、このうち栃木県と県下12市が10億2000万円の増資を引き受けた。

その後、足利銀行取引先が相次いで破綻。たとえば、宇都宮の上野百貨店は2000年12月に自己破産。建材の製造・販売会社のシモレンは01年10月に民事再生法が適用された。ほかにも、取引先のなかには経営不振の風評が途切れることはなかった。

2003年9月、金融庁の立入り検査が実施され、11月検査結果が通知された。検査結果によると、繰延税金資産計上が過大であり、03年3月期において債務超過である。この間、金融庁は同行監査法人、中央青山監査法人に対し、03年9月期中間決算において繰延税金資産の計上を認めないと通告した。

これを受け、足利銀行は自主再建を断念し、金融危機対応会議は同行は債務超過とし、一時国有化、特別危機管理を決定した。同行は第二地銀以外の地方銀行（第一地銀）初の破綻だった。同行の全株式は対価ゼロ円で預金保険機構が取得した。りそな銀行の株主責任が問われなかったのとは異なった措置になっている。竹中金融担当相は繰り延べ税金資産の計上を厳しくして銀行の財務状況を悪化させ、2000年の預金保険法の改正で恒久化した一時国有化を実施した。

2006年11月、金融庁は受皿候補の公募を宣言した。2次選考通過先は野村グループ連合、地銀連合（地銀、日興シティグループ・日本生命、東京海上日動）、みずほ証券連合、大和証券SMBC、栃木銀行、米投資ファンドのローンスターであり、最終選考は野村連合と地銀連合の一騎討ちとなった。

2008年3月、金融庁は、野村グループ連合が設立する足利ホールディングスへの売却を内定、株式譲渡額は1200億円であった。7月1日、足利ホールディングスが足利銀行の株式を取得し、特別危機管理体制から離脱した。なお、08年6月30日、預金保険機構は足利ホールディングスに対し2580億円の資金援助を行った。

第七章　公的出資はなぜ遅れたか

†日銀がまとめた基本4原則と大蔵省との折衝

1990年の機構改編で日銀に信用機構局が誕生した。その年の夏から、土田正顕銀行局長の発案で大蔵省銀行局（中小金融課）、日本銀行信用機構局、預金保険機構の三者による実務的な勉強会を行った。

併行して日本銀行内では、企画、信用機構、営業、考査4局担当理事、局長で「破綻処理に関する基本原則」について議論を重ね、まとめた。基本原則は1991年1月に正・副総裁の了承を得た。

「破綻金融機関の処理に関する基本原則」の内容は、

① 実質的に債務超過になっている金融機関は処理を行う

「実質的に債務超過」とは、会計上は債務超過でなくても、検査・考査の結果、引当・償却を適切に行うと債務超過になるケースを指す。「処理」は、ペイオフによる清算を想定しないとした。米国でも主要な破綻処理法はP&A方式（日本の資金援助方式に相当）であり、日本の金融機関の不良債権金額が非常に大きく、仮に清算を行うと、取付けを誘発するなど金融システムが崩壊する危険が大きいと認識していた。

② 実質債務超過の金融機関に対しては、リストラ計画を策定し、自己資本調達を試みた

うえで、なお対応が困難な場合には、預金保険機構の資金援助を得て、他の金融機関との救済合併を模索する

③　モラルハザードを防ぐために、関係者の責任を追及する

④　破綻処理に必要な場合には、日本銀行は貸出を行う

当時、日銀貸出をする際の金利である公定歩合は市場金利より低く、日銀が公定歩合で金融機関に貸出すると収益支援になった。当事の「最後の貸し手」論では、中央銀行の役割は純粋に流動性の供給である。もし日本銀行がこの考えに固執すると破綻処理が進まないという現実的判断があった。破綻処理を促進するため必要な場合には、日銀貸出を排除はしないとした。

日銀内部では、「実質債務超過といった曖昧な基準で破綻処理ができるのか」（考査局）、「預金保険の資金援助を用いて処理すると、公定歩合による日銀貸出ニーズが後退するのではないか、日銀による機動的な行動が取れなくなるのではないか」（営業局）といった意見が出た。

日銀は大蔵省にこの4原則を説明した。当時の印象について、白川方明氏は「大蔵省は慎重であった」。そこで、「原則を受け入れるかどうかという入口段階での理念論ではなく、個々の金融機関の破綻に即して、実践的アプローチで日本銀行は臨むことになった」（白

川『中央銀行』）という対応に転じた。

この1991年の申し入れは筆者が信用機構局に配属される前なので、まるで知らなかった。その後、破綻処理で大蔵省と議論・調整を行った経験からすると、申し入れが空振りに終わったのは、3つの理由が思い当たる。

① 大蔵省銀行局と日本銀行は、胸襟を開いて議論をするといった関係ではなかった

② 信用機構局が設立され、日銀が破綻処理を求めて先走るのではないかと警戒された

③ 大蔵省所管の分野で、日本銀行が意見を述べることを越権行為と感じていたからではなかろうか。日本銀行はこの後も2回（合計3回）大蔵省に申し入れを行った。2回目が住専問題、3回目が公的資金投入問題であった。

政治家を説得するのは簡単ではなく、日銀より永田町に近い大蔵省からすると、むしろ触れてほしくないテーマであったはずだ。大蔵省の対応は冷淡で、聞く耳をもたないという姿勢を取り続けた。ほぼひとりで対応していた白川氏は大変だったろう。1回目と3回目は白川氏がほぼ単独で交渉に当たり、同じ課の筆者が議論に加わった記憶はない。持ち込んだ文書も白川氏が書き下ろしていたように思う。普通の文書のように調査役以下が原案を作り、課長が手を入れて、局長が直すという手順は踏んでいなかった。

†住専処理で大蔵省に申し入れ

1992年12月、日銀は大蔵省に対し、住専問題について概略次のような提案を行った。

① 住専7社を事実上清算する

② 清算に伴う損失分担については、母体行は全額債権放棄、その他行は貸出額に応じて損失を負担する（修正母体行方式）

③ 自己資本が不足する農協系金融機関など一部の金融機関に対し、公的資金を投入して金融システムを安定させる

住専処理への公的資金投入について、当時の大蔵省銀行局は寺村信行局長をはじめ、消極的な姿勢であった。住専処理を公的資金投入の突破口にしたかった日銀の考えは黙殺された。

日銀内部でも、世論の反対が根強い中で、公的資金投入など可能なのだろうかという懐疑的な意見が少なくなかった。日銀の小島邦夫理事が寺村銀行局長に、白川信用機構課長が大蔵省の課長やノンバンクを担当する金融会社室長に働きかけた。

銀行局は3週間前の11月末に、住専問題は金利減免で対応すると決めたばかり。白川氏はこれは問題先送りにすぎないと考えたのだろう。だが、大蔵省は「公的資金投入など、

とんでもない。実現可能性もない」とにべもなかった。

住専問題は、日銀では営業局が担当していた。ただ、大蔵省との調整は信用機構局の仕事であった。農協系金融に対し公的資金を投入するという考えは、農業には毎年莫大な国家予算がついており、そのルートを利用して農協系金融に公的資金を入れるという発想であった。

一部銀行が主張していたものと同じで、営業局は銀行の考え、行動をよくフォローしていたので大手銀行の考え方が日銀にも入ってきていた。

住専は預金を取り扱っていないノンバンクで、教科書的には債権・債務関係が複雑な場合、取引費用が嵩むため法的整理が望ましいとされる。ノーベル経済学賞ダグラス・ノースは、「国家は法により取引費用を減じることができる」「法体系が存在すれば、交渉および施行の費用はかなり低下する。なぜなら交換の基本ルールはすでに規定されているからである」と述べている（ノース『文明史の経済学』）。

筆者もノースに倣い、住専処理への公的資金の投入に慎重だった。むしろ、住専の法的整理は検討に値すると思っていた。実際、銀行系ノンバンクは最終的には法的整理を行い、直接公的資金が入った例はない。

†公的資本注入と受皿金融機関の設立

白川信用機構課長はつねづね「円滑な破綻処理を可能とする法律など「武器」、「弾薬」が不足していた」と語り、しんどい展開を強いられていた。そこで、日銀では行内での検討を経て、1993年春、大蔵省に対し包括的な提案を行った。不良債権額を30〜50兆円と推計したうえで、

① 民間ベースでのリストラや自己資本調達の自助努力で（経営再建を）進めるべき
② 自力再建が困難な場合は、預金保険で資金援助を行うがそれでも、自己資本が不足する場合には公的な資本注入の途を開く
③ 合併、営業譲渡型の処理・整理を進めていくとともに、不良債権の管理、回収を円滑に行っていくため、受皿金融機関を設立する。そして、日本銀行は金融機関への公的資金注入や受皿金融機関への直接出資を行う用意がある

などを提案した。日銀内でも、いくらなんでも不良債権額が推計30〜50兆円というのは大きすぎるといった発言はあったが、ほとんどの出席者はあまりの数字の大きさに驚き、発言は少なかった。

大蔵省では、数値は推計値に過ぎないとか、前提がおかしくないかとの発言があった。

だが、ほとんど議論には至らなかった。

白川氏は著書において、次のように書いている。

「これらのアイディアは95年、東京共同銀行、整理回収機構などとして徐々に現実の施策に反映され、最終的には多くが実現した。だが、93年春の時点では大蔵省銀行局の賛同は得られなかった」「大蔵省が賛同しなかった最大の理由は、直接的には公的資金の投入について国民の理解が得られないという政治的判断であったと思う。その判断自体は客観的に見て間違いではなかった。何よりその3年後の96年に起きた「住専国会」はそのことを如実に示している」（白川『中央銀行』）

大蔵省の交渉に筆者はかかわっていなかったが、側聞した限りで感じたことがある。1993年の申し入れは91年の申し入れとともに、優れた内容であった。しかし大蔵省はこれまで日本銀行の働きかけをほとんどその場では無視してきた。両者の歯車はなかなか嚙み合わなかった。当事は大蔵省幹部の大半は「地価は再び上がるだろう。時間を稼いでいれば問題は解消する」と思っていた。日銀ではバブル崩壊との認識が強く、地価への楽観論はなかった。

むしろ、さらに地価が下落する前に、つまり不良債権がさらに増えてしまう前に処理し、金融システムから切り離す必要があると考えていた。現状認識、従って先行きの見通しに隔たりがある以上、処方箋が一致するはずもない。大蔵省が多少なりとも聞く耳をもってくれていたなら、歴史は変わり、金融危機は回避されたように思えてならない。

†変遷したメディアの主張

メディアは国民の声を代弁する。「世論の反対の声」を直接見聞きするのもメディアを通してである。日本の主要な金融システム問題において主要紙（日経、朝日、読売、毎日）の社説がどう論調を展開し、情勢変化によりどう変化したかを分析する。

〈二信組問題について〉

1994年末の東京協和信組、安全信組の二信組問題に対する日経、朝日、読売、毎日の主要四紙の社説の論調は、かなり厳しかった。日経は総論では「金融システム不安を防ぎ、預金者を保護するための緊急避難策としてやむを得ない」としたものの、「なぜ公的資金を投入するのか、透明な基準が求められる」とし、「日銀だけが分かっていればいいのではなく、国民に納得のいく基準」でなければならないと批判した。（日経社説94年12月10日「やむを得ぬ日銀出資の「救済銀行」」）

金融システムの安定を重視してきた読売も、二信組はペイオフすべきと主張するなど、厳しさが前面に出た。読売、朝日、毎日3紙の論調は、以下の点で共通していた。

1　乱脈経営の信組を公的資金で救済するのは国民感情に反する
2　破綻した金融機関への対応はペイオフが大原則
3　東京都を含めた監督責任を明らかにすべき
〈住専問題〉

　1995年12月、政府は、6850億円の公的資金投入を含む住専処理案を閣議決定した。翌年1月開会の「住専国会」は紛糾、メディアも公的資金投入に一斉に反発した。

　読売は1993年の段階で、「金融不安の解消につながる意義を踏まえ、住専の抜本再建に全力を注げ」（93年2月28日社説）と四紙中唯一、再建推進を唱えていた。しかし、「財政資金の導入が唐突」とし、「財政資金の導入は正面から議論して国民を説得するのが筋。農林系の負担軽減のため、調整の最終段階で苦し紛れに潜り込ませるような軽いものではない」（読売社説95年12月20日「住専破綻の責任も明確にせよ」）と反発、四紙は公的資金の投入反対で揃った。

　ほか3紙の批判は概ね共通していた。なぜ公的資金の投入が必要なのか、十分な論議を経ていない、というものだ。

「武村蔵相と野呂田農水相のたった一度の「密室会議」で決まり、「これが体力の限界」だという説明にとどまっている。国民が納得できるわけがない、重大なのは、農林（農協）系金融機関を特別扱いすることを決めた、いわゆる大蔵省・農水省の「覚書」である」（日経96年1月21日社説「住専国会を厳しく監視しよう」）

「公的資金論のゆがみを正せ」（朝日97年11月26日社説）

「住専問題　法的処理で責任を明確に」（毎日95年12月6日社説）

〈長銀問題〉

長銀の経営問題は、国会でえんえんと議論された。国会審議が長銀からの資金流出を加速し、金融再生法の施行と同時に長銀は破綻した。取付けは瞬く間に他の大手銀行に波及した。主要紙社説は一部を除き政治に問題があるとの認識で一致していた。「政治の混迷が金融危機を深めた」という批判である。

「与野党にまず求められるのは、破たん前の資本注入について明確な枠組みを早急に設けること」であり、「与野党はこの金融危機の打開に共同責任を果たさなければならない」（日経社説1998年9月27日「「破たん前」資本注入の枠組み早急に」）

読売は、政治を批判しているが、その批判の的は野党とりわけ民主党であった。野党のゴリ押しで不合理がまかり通ったという見立てである。

「重大な政治の過ちである」「民主党は長銀問題を、これ以上迷走させてはならない」（読売社説1998年9月23日「「長銀」をこれ以上迷走させるな」）

毎日は唯一前向きに評価した。

「一時的国有化は、安易な破たん前の公的資金投入に比べれば、株主責任はより厳しく問われる」「経営責任と株主責任の厳しい追及は、金融機関のモラルハザード（倫理観の欠如）を防ぐうえで欠かせない。政府・与党による従来のソフトランディング路線からの転換を目指すものとして評価したい」（毎日社説1998年9月19日「金融再生法　国民から信頼得る運用を」）

各社とも独自色を出しつつ、正鵠《せいこく》を射《い》た追及である。意見が分かれたのは、破綻前資本注入の是非について。前向きなのは日経、読売で、消極的なのは朝日、毎日。前者は日本の金融システムを懸念する一方、後者はモラルハザードの防止を重視している。政治混迷を憂慮しているのは日経と読売であった。

メディアの報道は国民の長銀に対する関心を高め、これが長銀の急速な資金繰りの悪化に影響を及ぼすという面があった。さすがにそうした問題指摘を行っている社は見当たらない。国民は国会、メディアの見解、行動をみて、長銀の存続にNOの審判を下したとみることもできよう。

〈第一次公的出資〉

第一次公的出資に対する見方は総じて厳しく、どの社も政府の対応に及第点をつけていない。金融危機に陥り、公的出資が喫緊の課題なのに、そうした厳しい状況認識を示したのは読売だけ。他3社はモラルハザードを指摘、朝日、毎日は公的出資に反対を表明した。

読売は、金融安定化法案に記されている「金融機関の優先株を引き受けて自己資本を充実させる手法は、大恐慌時の米国で実施され、金融危機克服の決め手となった。公正なルールによる実施を条件に、緊急避難措置として認めてよい。金融を支える「信頼」の回復に貢献するはずだ」（読売社説1998年1月29日「金融法案の一日も早い成立を」）と法案成立を積極的に支援している。

日経は、破綻前注入に「わかりやすい透明な原則を確立しなければならない」「運用を誤れば、金融機関の経営にモラルハザードを起こす」（日経社説1998年2月14日「金融危機の克服でここに不況脱出急げ」）とした。

朝日は「財政資金投入の目的は、預金者の保護を通じて金融システムを守ること」「破綻金融機関の存続は認めない」。経営が苦しい金融機関の発行する株式や債券を財投資金が引き受けるとの自民党構想は「破綻銀行の救済につながりかねないので反対」（朝日社説1997年12月1日「「公的資金」には原則がある」）とした。

毎日は厳しい。30兆円が十分有効に活用されていない段階で、早くも自民党の一部から上積みの話が出ている。「そんなことを言えば、駄目な銀行経営者のモラルハザードをますます助長する」（毎日社説1998年6月1日「不良債権処理　銀行は自己責任の徹底を」）と書いている。

〈第2次公的出資、豹変したメディア論調〉

預金流出が大手行でも広がるかつてない厳しい金融環境の下、金融界、経済界はそろって公的出資に真剣になり、かつて公的出資に批判的だったメディアは姿勢を変えた。変わり身の速さには驚いたが、もっと早く豹変してほしかった。

日経は「深刻化する金融危機を打開するには、破綻前の資本注入をできるだけ早く実行するしかない」。資本注入の条件が「厳格すぎて、仕組み自体が機能しないのでは金融安定化は望めない」（1998年10月14日社説「金融危機打開へ資本注入を急げ」）と、条件緩和を主張している。

読売も「資本注入は早急かつ大規模に行うべき」、政府は、「注入条件を現実的な水準に定める必要」（読売新聞社説1998年10月23日「『早急』『大規模』が注入の鉄則だ」）があると提言した。

朝日は、公的資金は「金融機能をよみがえらせるために準備された」もの「たくさん借りればいいというものではないが、中途半端に終わったら、その目的が達せられないばかりか、問題の処理をまたまた先送りさせる危険がある」（1998年12月2日社説「銀行変

身の触媒に　公的資金」）とした。

毎日は、自民党が国会に提出した破綻前の金融機関に対する公的資金注入に、民主党が対案をまとめ、今国会での成立を目指すべきだと述べた。加えて、極端な信用収縮を避けるには、十分な融資余力をもった金融機関が必要。「公的資金投入の道は用意しておく必要がある」（1998年10月8日社説「早期健全化法案　論議尽くし今国会成立を」）

†りそな問題に対するメディアの反応

さらに、りそな銀行に対するメディアの見方も、それ以前とは打って変わった。「資本注入のもう一つの効用」（日経社説2003年5月31日）、「なぜもっと早くやらなかったか」（毎日社説03年6月11日）と、前向きな評価が多かった。りそな銀行への資本注入（金融危機対応発動）の際に政府へ提出された経営健全化計画のような「改革」をそれまでできなかったのは、それを促す外部の圧力が弱く、内部の動機付けも希薄だったからである。

問題がりそな銀行だけにとどまらない状況下、「必要とあれば（公的資金）投入をためらうべきではない」（朝日社説2003年5月18日）、「信用収縮を防ぐためにも公的資金投入を視野に入れる必要がある」（毎日社説、同上）と、それまで公的資金投入に慎重姿勢であったマスコミが、前向き姿勢に転じている。

竹中平蔵経済財政・金融相に批判的な読売は、繰延税金資産の扱いが、金融審議会（首相の諮問機関）で本格的な見直し議論が進行中であることを指摘した。「その結論もでないうちに、2003年3月期決算で見切り発車的に厳格な適用をしたことは、妥当な判断とは言えない」（読売社説03年5月18日）と批判していた。

†金融危機発生の原因

金融危機発生の原因は、結局、公的資金投入の遅れにあった。政治、メディア、そして国民と広くあまねく、銀行への公的出資に批判的、反対の姿勢であった。

そこまで拒否感が強かったのはなぜか。

第1に、日本では、銀行を破綻させると金融危機となり実体経済にも大きな影響がでるという認識が乏しかった。拓銀、山一、長銀、日債銀と続いた金融機関破綻後の取付け、そして広範な貸し渋り、企業の資金繰りにも支障が生じるなど実体経済への影響が深刻化して、漸く厳しい認識が共有されるようになった。

第2に、公的出資は銀行救済であり、必ず救ってもらえるとなるとモラルハザードにつながりかねない。銀行経営者は安易にリスクを取りにいき、牽制が働かないという批判が広範にあった。モラルハザード論は核心をついた意見だが、公的出資を阻止するための理屈であり、もっと大きくて切実な、信用収縮といった問題の解決策にはならない。だが、当時は必罰感情が勝っていた。

第3に、銀行自体が、公的出資を受けると経営内容が悪いと世間に見られ、かえって信用不安を招くとおそれていた。銀行経営者は公的出資に、だんまりを決め込んだ。

吉冨勝元経済企画庁調整局長の「銀行信用の収縮と「Too Big To Close 政策」」(「論争東洋経済」98年3月号)は大手銀行対策の基本ポリシーについて論じた数少ない優れた論文である。「Too big To Close 政策とは、大手銀行の業務は存続させる政策である。その政策に従って、米国は大恐慌の自己資本充実のため、復興金融公社(RFC)を設立した。その後、銀行倒産は大幅に減少、公的資金も事実上ほぼすべて返済されている。銀行の預金、信用は全額保護する一方、経営の抜本的刷新を図る、Too big To Close 政策に転換すべきと論じた。

日本では、都銀である拓銀が破綻処理された。長銀、日債銀も一時国有化という新たな手法ではあったが、相変わらずの破綻処理だった。「破綻」の臭いを感じ取ると取付けが生じる。取付けは伝播し、金融システムの安定は崩れる。大手銀行問題への対応無策がもたらした犠牲は大きかった。

†政府の日銀特融依存

破綻金融機関の預金払い戻しのため、日銀特融を発動することが少なくなかった。しかしこれは、政府による過度な日銀依存が起こっていたと言えないだろうか。

代表例は、日銀の貸倒損失をもたらした山一證券向け特別融資（特融）である。山一の件の直後、宮城県の徳陽シティ銀行破綻に際し、松下康雄総裁は予想外の行動をとった。東京では大蔵大臣と日銀総裁の共同談話が用意された。しかしそれは、2日前の山一證券破綻の際の談話とほぼ同じ内容であった。松下総裁は共同記者会見には出席せず、三塚蔵相による単独記者会見が実施された。

松下氏は、特融が急拡大している点がさすがに気になりだしていた。特融残高は1997年10月末3725億円だったが、同年11月末には3兆8215億円に著しく増加した。事態がここまで悪化しているにもかかわらず、公的資金投入の決断ができず、松下氏が、日銀特融を当てにする大蔵省の後輩たちをもどかしく思っていたと見る人が多い。

特融は日本の証券市場を守ったばかりでなく、日本発の金融恐慌を未然に防いだ。しかし、日本銀行に貸倒損失が発生し、日銀は国庫納付金が払えなくなった。このことは国会の議決を経ずに、国民負担（すなわち税金投入）を求めたことと同じである。

大蔵省証券局は特融のロスは寄託証券補償基金が肩代わりするとしていた。しかし、その財源を証券界の拠出に求めたところ証券界から拒否される。これは日銀のロスを安易に証券界に付け回そうとした証券局版奉加帳方式であり、自ら汗をかき財源問題の解決に臨もうという姿勢ではなかったように思う。

†西村銀行局長が公的資金に否定的だったわけ

大蔵省銀行局長だった西村吉正氏は、現役の局長時代はもとより、早稲田大学教授になってからも米国のRTC（Resolution Trust Corporation、整理信託公社）に関する記述、言及が多く、RFC（Reconstruction Finance Corporation、復興金融公社）に関するものは少なかった。

RTCは、米国S&L（Savings and Loan Association、貯蓄貸付組合）危機の際、S&Lの預金保険公社（FSLIC）が破綻したため、S&Lの破綻処理を行うため、1989年に時限的につくられた機関だった。RTCの対象はS&Lに限定、預金者保護を図る一方、破綻したS&L資産の管理、処分を行った。S&Lの責任追及を行いながら、公的資金を

図表7　拓銀、山一破綻当時の日銀特融発動状況

1997年10月末	3725億円
1997年11月末	3兆8215億円
みどり銀行	1100億円
阪和銀行	2680億円
北海道拓殖銀行	2兆2200億円
山一證券	1兆1000億円
徳陽シティ銀行	1115億円
京都共栄銀行	120億円

投入した。一方、RFCは米国大恐慌時の32年に設立。大恐慌の経済危機の中、銀行に公的資本注入を行うことで、預金の取付け等による破綻は収まった。

西村氏は、大蔵省銀行局長時代、信用組合破綻処理の受皿、回収機関として整理回収銀行（前身は東京共同銀行、その後整理回収機構）を作った。そしてその処理にあたり、公的資金の投入を実施した。

西村氏は言う。「RTC方式は金融機関整理型、RFC方式は金融機関救済型と言えよう。当時の破綻処理のモデルはRTCであった。そこでは、（アメリカでも、RTCが銀行を含めずS&Lのみを対象としていたように）破綻は中小金融機関にとどまることを想定していた」。

一方で、「後になって振り返ってみると、この頃グローバルなマーケットが求めていたのは非効率な金融機関の破綻処理というよりも、金融システムを担うべき金融機関の資本不足の解消、より正確に表現すれば、マーケットを通じた資本不足解消が迅速・的確に実現できる環境整備であった」（西村『金融システム改革50年の軌跡』）と述懐している。

西村氏は、銀行に対する公的資金投入（含む資本注入）に対し否定的であった。アラン・グリーンスパン元FRB議長の発言が、なにがしか影響していたのではないかと、筆者は考えている。西村氏の『金融システム改革50年の軌跡』には、このことについて次のように書かれている。

「グリーンスパン元FRB議長は2000年1月、日本に対し、RTC方式を推奨したと述べている」そして、「宮澤元首相との会話でよく覚えているのは、邦銀の不良債権問題をめぐる議論だ。80年代末に米国も同様の問題に直面した」。グリーンスパン氏が行ったその時の解決法は、「整理した貯蓄金融機関の担保不動産をRTCが安値で売り、不動産市場を動かしたことで、米国では問題を早期に解決した」のだという。

西村氏は、1995年7月14日に当時の日銀総裁・松下康雄氏からも、BIS月例会合でのグリーンスパン氏の別の考え方をうかがったことがあるそうだ。

「日本は経済が不調だから金融もうまくいかないのはやむを得ない。アメリカは経済が良くなったので不良債権も片付いた。日本の現状（デフレ下）ではむしろアメリカの30年代のRFCが参考になる」。西村氏には「当時このお話の意味を十分理解できず、当時各方面から推奨のあったRTC方式しか念頭になかったとの苦い思い出がある」

筆者は1998年頃だった思われるが、松下総裁の後任、速水優総裁から同じ内容のグリーンスパン発言に関する話を聞いたことがある。「グリーンスパン議長は日本の金融・経済についてかなり心配しており、「日本の現状では、米国のRFCが参考になる。関連する資料を送ります」と言っていた」と。こうしたことがあったためか、速水氏は銀行の資本増強を強く主張するようになっていた。

当時の時代背景をみると、1995年7月、松下総裁からRFCが参考になるとの伝言を受けたのは、信用組合の破綻処理で、RTC方式を実践していた頃であった。西村氏はRFCに対する関心はさほどなかったように思われる。

1998年3月に日銀総裁に就任した速水氏は、グリーンスパン議長から良いタイミングでRFCのアドバイスを得た。宮澤元首相との前記の会談当時、グリーンスパン氏は「日本経済が停滞していた90年から2005年の間に、RTCのような方式を採用していれば、調整期間はもっと短くなり、何年も前に通常の経済に復帰していたはずだと確信していた」（グリーンスパン『波乱の時代』）と述べている。

1990年代、証券会社や証券市場をみる証券局長はいたが、不良債権問題に関しては銀行局長は現在の金融庁長官に匹敵する金融機関の規制・監督の最高ポストだった。銀行局長だった西村氏が、RFCの重要性について早く気づき、公的資金の投入を含めRFC方式の実現にむけて尽力されていたなら、歴史は変わっていたように思われる。

†公的資金はなぜ必要だったか

預金は国民生活に必要不可欠な基盤で、預金は世界的に保護されている。「銀行は特別な存在」（コリガン元ニューヨーク連銀総裁「コリガン・レポート」１９８７年）なのである。

１９９６年６月、預金保険法改正により、時限措置として預金等の全額保護の特例措置（ペイオフ凍結）が実施された（当初は２０００年度末まで、その後延長）。02年４月定期性預金は定額保護（１金融機関ごとに１人当たり１０００万円とその利息まで保護）に移行した。一方、決済性預金〈当座・普通・別段預金〉は05年に恒久的に全額保護することが決まった。

預金保険機構は預金の全額保護を実施するため、一般保険料率を引き上げ（０・０１２％→０・０４８％）、特別保険料（０・０３６％）の導入を行い、保険料は０・０８４％と７倍の引上げとなった。

１９９８年２月、預金保険法改正により、銀行への公的資金投入が制度化された。すなわち預金保険機構は機構内に特例業務基金を設置、交付国債の限度７兆円、政府保証枠10兆円が設定され、拓銀破綻（97年11月）の後始末として、98年10月初めて特例業務基金１兆０３８７億円を取り崩し、拓銀の引き受け金融機関に資金援助した。

次に、公的出資がある。１９９８年と99年の２度、金融機関への予防的な公的出資が行われているが、２度目の時は産業界、メディア等のサポートを受け、多額の公的出資を得ることができ、これにより金融危機脱却の展望が開けたのだった。

あとがき

日本の金融危機は、大規模な財政資金の投入が遅れ、国際公約にも反して大手銀行を破綻させたのが原因であった。

1997年11月、コール市場でデフォルト（債務不履行）が発生したことを契機として拓銀、山一證券といった大手金融機関が相次いで資金繰り破綻、98年には長銀、日債銀も破綻した。資金流出が始まると、他への取付けの伝播を伴いつつ、流出は加速し、苦しみぬいて最期を迎えた。私はそのあり様を後世に伝えたいと漠然と考えていた。

本書を出版しようと考えたのは、西村吉正元大蔵省銀行局長の存在があった。西村氏は3冊の本を書かれている。『銀行行政の敗因』（文春新書、1999年）、『日本の金融制度改革』（東洋経済新報社、2003年）、『金融システム改革50年の軌跡』（金融財政事情研究会、2011年）である。

私はこの3冊に大いに刺激を受けた。私もレベルの差はあれ、現場を見、案件にも携わっていたので、金融危機の記録を残したいと思った。

そう思っていたところ、2017年に西村氏と拓銀、山一證券の破綻から20年の報道企画として、対談を行う機会を得た。11月24日の「NHKニュースおはよう日本」、11月25日号「週刊ダイヤモンド」だ。西村氏に直接お会いするのは初めてだった。西村氏は10年以上も先輩にあたるが、とても気さくに、偉ぶらず、率直に話していただけた。この対談は私にとって大きな財産となった。

これを機に西村氏との親交が始まり、以降も色々話をうかがった。西村氏はそれからわずか2年後、他界された。残念でならない。感謝とともにご冥福をお祈りしたい。

西村氏から打ち明けられた話で、印象に残っていることを4点ほど、あらためて書き留めたい。

第1に銀行局長時代のいい思い出としては、コスモ・木津信組、兵庫銀行が同じ時期に破綻し、何が起こるかわからない深刻な状況だったが、結果的に破綻処理がうまくいった。社会的な大混乱をまねかずにすんだという。

第2に公的資金の投入は、信用組合と住専に限定した。当時部下たちから「せっかくいま提出している法案に、信用組合については税金を使えると書いたのだから、銀行も加えてほしい」と何回も進言を受けたが、西村氏は「それはダメだと。将来銀行への税金の投入が必要になるかもしれないが、そんなことをいま言っても世の中は受け入れないだろう。

法案が国会を通るわけがない」と突っぱねた。

第3に住専問題は、それまでの銀行局長とは異なり、西村氏は抜本処理を選択した。また、西村氏は最後の段階では公的資金を使わない処理手法を選んだ。だが、農林系と大蔵省官房・主計局の介入で農林系の負担を5300億円にとどめ、公的資金6800億円投入することが、事実上「西村外し」で決定された。加えて農林系統からは農林系のために公的資金を使うといった説明は不可と、西村氏は釘を刺されたという。

第4に大和銀行ニューヨーク支店巨額損失事件については、1995年8月8日、大和銀行から西村銀行局長（銀行課長同席）に報告されたが、大蔵省は米国への通報、対外公表を行わなかった。西村氏によれば、米国側の捜査が進むまで公表を待ってほしいと米国側から要請があり、結局9月26日まで公表しなかったという。

住専問題、大和銀行巨額損失事件によって、金融当局は世の中の信頼を失うことになってしまった。この2つがなければ、西村氏は名銀行局長と言われていただろう。黙して語らない当局者が多い中、大学教授というアカデミズムの世界に移り、金融監督行政に関して、記録と考え方を批判も覚悟で残された姿勢には頭が下がる。

執筆に際しては多くの方に取材に応じていただいた。お礼申し上げたい。

出版に当たっては、筑摩書房松本良次氏になによりお世話になった。また、古くからの友人である土屋直也氏（元日経日銀記者クラブキャップ）が筑摩書房との出版交渉のほか、一部の事実確認をし、原稿を読みやすく直してくださった。非常に感謝している。

また、日銀の同僚であった玉木伸介氏、西畑一哉氏、伊野彰記氏には原稿チェック等をお願いし、有益なコメントをいただいた。

日銀を辞めた後に勤務した野村総合研究所の梅屋真一郎未来創発センター・フェロー、李智慧・同エキスパートコンサルタント、木村靖男氏、いちよし証券の武樋政司会長、いちよし経済研究所の山中信久社長、トータルアセットデザインの寺本名保美社長、田口英樹氏、漆間誠一氏、上飯坂淳氏の皆さんから研究、執筆の協力をいただいた。

順天堂医院、服部信孝医師には2009年以降、パーキンソン病の治療にあたっていただき、執筆活動を励ましてくださった。

パーキンソン病の発症が2003年。2016年に大病を患い入院、2020年に骨折など家族には迷惑のかけっぱなしだった。最後に改めて家族に感謝を伝えたい。

2024年10月

和田哲郎

ちくま新書
1833

バブルの後始末《あとしまつ》
——銀行破綻《ぎんこうはたん》と預金保護《よきんほご》

二〇二四年一二月一〇日　第一刷発行

著者　和田哲郎（わだ・てつろう）

発行者　増田健史

発行所　株式会社　筑摩書房
東京都台東区蔵前二-五-三　郵便番号一一一-八七五五
電話番号〇三-五六八七-二六〇一（代表）

装幀者　間村俊一

印刷・製本　三松堂印刷　株式会社

ISBN978-4-480-07659-5 C0233

ちくま新書

002
経済学を学ぶ
岩田規久男
交換と市場、需要と供給などミクロ経済学の基本問題から財政金融政策などマクロ経済学の基礎までを、現実の経済問題に即した豊富な事例で説く明快な入門書。

831
現代の金融入門【新版】
池尾和人
情報とは何か。信用はいかに創り出されるのか。金融の本質に鋭く切り込みつつ、平明かつ簡潔に解説した定評ある入門書。金融危機の経験を総括した全面改訂版。

1023
日本銀行
翁邦雄
アベノミクスで脱デフレに向けて舵を切った日銀は、本当に金融システムを安定させられるのか。金融政策の第一人者が、日銀の歴史と多難な現状を詳しく解説する。

1593
日本金融百年史
横山和輝
関東大震災、金融恐慌、戦時下経済から戦後復興、高度成長、バブル、失われた30年へ。歴史に学ぶことはなぜ難しいのか？　株式市場、金融・経済の歴史を追う。

1779
高校生のための経済学入門【新版】
小塩隆士
全体像を一気につかむ、最強の入門書を完全アップデート！　金融政策の変遷、世界経済を増補し、キーワード索引でより便利に。ビジネスパーソンの学び直しにも！

1791
経済学の思考軸
——効率か公平かのジレンマ
小塩隆士
経済学はどのような〝ものの考え方〟をするのか、２つの評価軸をもとに原理原則から交通整理する。市場、格差、経済成長……ソボクな誤解や疑いを解きほぐす。

1819
金利を考える
翁邦雄
住宅ローン金利はどうなるか。なぜ低金利が円安を招くのか。株価暴落はなぜ、どのように起きるのか。金融政策の第一人者が根本から解き明かす。